SHODENSHA
SHINSHO

最強の言語化力

齋藤 孝

JN244284

祥伝社新書

はじめに

今日《こんにち》のビジネス環境において、もっとも重要で欠かすことができないスキルのひとつが言語化力です。言語化とは、「自分の思いを言葉を用いて第三者へわかりやすく伝えること」です。

もやもやとした心の中にある漠然としたイメージを、くっきりとした輪郭でアウトプットできる人は、関わるすべての人と信頼関係を築きながら、ビジネスシーンでは意思伝達をスムーズに行ない、私生活でも家族や友人らと円滑なコミュニケーションを図《はか》ることができるでしょう。

本書は、言語化力を高めたいと願う人々への実践書として筆を執《と》った1冊です。

言語化力が現代人にとっていかに大切な素養であるかを学び、それを磨《みが》くことで得られる様々な優位性についても深掘りしていきます。

第1章では「言語化」とは何か、その根源的な意義や概念について触れています。「今すぐ役立つ実践スキルを早く知りたい」という方には遠まわりに感じられるかもしれませんが、実はこれこそが言語化力を磨くための淵源《えんげん》なのです。

この章を通じて日本語が持つ力を改めて理解し、言語化力の基盤を築きながら、それを土台に実践的なビジネススキルへと繋げていってほしいと考えています。

第2章から第4章では、そうした根源的な概念をもとに、具体的にどのようにして言語化力を鍛えていくべきかを説明します。実用的なトレーニング方法や日常生活における活用術なども紹介していますので、皆さんが言語化力をさらに高めるための具体的なステップとして活用していただければ幸いです。

最後の第5章では、私たちが十分な言語化力を身につけることにより、社会全体にどのようにポジティブな変化をもたらすかを考えます。言語化力の向上が、個々の理解や交流を深めることだけでなく、コミュニティ全体の豊かさに寄与するという視点は、今後ますます必要になると思っています。

図1　言語化とは

「言語化力」という言葉をイメージするとき、人間が言葉を「ツール」として自在に操《あやつ》る姿を思い描く人は多いのではないでしょうか。もちろん、そういった側面があることは確かです（図1）。

しかしその一方で、その「ツール」が自分たちよりも遥《はる》か昔から、この世界に存在していたことを忘れてはなりません。私たちが思考によって言葉を操っているのではなく、私たちのほうが言葉の定義や意味に引きずられ、それにより思考が形作られている、という見方もできるのです。

太古の時代に起源を持つ言葉は、その一つひとつが風土の中で独自の意味を獲得し、長い時間を経てその意味をさらに深めてきました。

映画『君の名は。』（新海誠《しんかいまこと》監督）に出てくる「かはたれ時《どき》」という大和言葉《やまとことば》は、「か」が「彼」、「たれ」が「誰」のこと。「人がそこにいるけれども誰だかわからない」という意味から、やがて「夜明けの白みがかった時間帯」を示す言葉となり、現存する最古の歌集である奈良時代の『万葉集《まんようしゅう》』でも歌の中で使われています。奈良大学名誉教授で文学博士の上野誠《うえのまこと》先生は、『万葉集』の言葉を学ぶということは、日本語の伝統のよき理解者になることだと述べています。

平安時代になると、平仮名や片仮名の誕生とともに、『源氏物語《げんじものがたり》』や『枕草子《まくらのそうし》』が生まれ、さらに鎌倉期から室町期に詠《よ》まれた俳諧連歌《はいかいれんが》は江戸中期に俳句として完成されました。

明治期には旺盛なる進取の気性《きしょう》のもと、和漢洋を融合させた文化が築かれ、夏目《なつめ》漱石《そうせき》や森鷗外《もりおうがい》ら文豪たちが多くの文学遺産を残しました。どの時代においても言葉は、人々の暮らしや感情を大胆かつ細《こま》やかに表現してきたのです。

このように、言葉には遠い昔からの息吹《いぶき》が宿っています。言葉とは、単なる音や文字を組み合わせたツールや記号ではありません。古今東西《ここんとうざい》、人々が先人から受け継いできたものは、言葉に込められた「意味」であり、歴史と文化、そして伝統のすべてです。

そうした膨大《ぼうだい》な量の言葉の海の中で私たちは泳ぎながら、意味と歴史を引き継ぎ、次の世代へ新たに紡《つむ》いでいるということなのです。

言語化力を高めるには、言葉の持つ意味を曖昧《あいまい》なまま放置するのではなく、しっかりと向き合って精緻《せいち》に理解し、そのうえでアウトプットしていく姿勢が大切です。だからこそ、言葉は人を動かすのです。

通信販売会社のジャパネットたかたを創業した髙田明《たかたあきら》氏は、「作業」と「仕事」の違いに強いこだわりを持ったといいます。作業とはルーティンをこなすこと、仕事とは自分なりの工夫を加えてより良い結果を出すこと、それが社内での言葉の定義でした。この差異の意味を全社員が共有できたとき、組織を成長させる推進力になると髙田氏は考えたのだそうです。

一般に「言語化力の重要性」などと聞くと、小難しいテーマと捉えられがちですが、実際には日常生活のあらゆる場面で求められる普遍的な言語交流のスキルであり、生活に根付いた欠かせない習慣です。

たとえば、保育士さんが園児たちと接するコミュニケーションは、幼い子との会話術ということもできますし、テレビでよく見かける街ロケの食レポなども、瞬間的な言語化力が求められるプレゼンテーションの一種です。また、芸人さんの大喜利《おおぎり》とビジネスパーソンのプレゼンにも、実は多くの共通点が隠されています。

あるいは、ビジネスの世界ではシビアな交渉を合意に導く力が求められますが、日常生活での「今日はカレーにする?」「いやぁ、ラーメンにしようよ」といった緩《ゆる》やかなやり取りも、広義には交渉のひとつです。カレーかラーメンかでコンセンサスを得るにも、実はビジネス交渉に通じる原則的な思考パターンが使われていることが多いのです。

本書ではそうした様々な視点から、言語化力とは何かについて幅広く考えていこうと思っています。

コント芸日本一を決める『キングオブコント2024』という番組で、ロングコートダディというコンビが花屋さんを舞台にしたネタを披露していました。これが、言語化というテーマを考えるうえでぴったりな題材でした。

登場人物は2人で、会社員風の男と花屋さんの女性店員。男は交際相手へのプレゼントとして花束を買いに来たのですが、花を選ぶセンスが一切ないため、女性店員に丸投げします。しかし、店員が持ってくるアレンジメントには少しも満足できず、「いや、それじゃないなー」「もうちょっとなんとかなります?」と何度もやり直してもらい、そのやり取りが繰り返されるのです。

要するに、男は致命的なまでの言語化力の欠如があるにもかかわらず、自覚がないままに店員に対して上から目線の態度を取り続けます。そのやり取りに困惑する女性店員との構図が傍《はた》から見て滑稽《こっけい》であり、観る側の笑いを誘ったのでした。

これはあくまでコントの話ですが、現実社会でも似たような話はよく耳にします。曖昧《あいまい》でふわっとした指示のまま案件が進行してしまい、工程がある程度進んだところで「いやいや、それ違うでしょ。そんな指示はしたつもりないよ」といわれて愕然《がくぜん》とした、という経験を持つ方もいるはずです。

また、現代のようなSNS社会では、言葉の選択を間違えることで大炎上し、世界中からバッシングの嵐に晒《さら》されるといった危険と常に隣り合わせです。言語化力の不足のために、関わる人たち全員を不幸にしてしまうリスクが、今の社会には数多く存在するのです。

それを避けるためにも、言葉に裏付けられた確かなる意思の疎通が、私たち一人ひとりに求められるわけです。

言語化力とは思いやりの表現力でもあり、その力が強い人は他者への配慮や共感を言葉で伝えることができます。高い言語化力は良好な人間関係を築く礎《いしずえ》となり、自分とその周囲に幸せをもたらします。日々の会話や文章での適切な言葉選びが、豊かなコミュニティを形成するのです。

先人から受け継いだ大切な言葉を使い、未来へ向けて正しく紡いでいくことが私たちに委《ゆだ》ねられた課題です。人の気持ちに共感しながら言語化力を高めることは、個人の成長だけでなく、ビジネスの成功や社会全体の発展にも寄与します。

この本を手にされた方が、言葉の持つ力を深く理解し、確かな言語化力を身につけ、豊かな人生を送ることを心から願っています。

2025年2月

齋藤 孝

目次——最強の言語化力

第1章 言語化の本質

第2章 言語化力を高める基本的習慣

第3章 心を揺さぶる言語化力

第4章 人を動かす言語化テクニック

第5章 言語化の先にあるもの

構成　浮島聡
本文DTP　アルファヴィル・デザイン
図版作成　篠宏行

※本文中の引用文は適宜、ふりがなを加除しています。また、引用内の（　）は原文ママ、（略）および〔　〕は引用者の補完を示します。

序章

世界は言葉でできている

モノが先か、言葉が先か

もう10年以上前になりますが、『世界は言葉でできている』というテレビ番組が放送されていました。私も言葉に関わる仕事をしているため、この番組のタイトルには非常に示唆《しさ》に富んだものがあると感じ、今も印象に残っています。

言語によって世界ができているという概念を体系として完成させたのが、スイスの哲学者で言語学者のフェルディナン・ド・ソシュールです。

ソシュール以前の人々は、言葉とは世の中に既《すで》に存在しているものに後から貼り付けたラベルのようなものだと理解していました。たとえば、ある動物を見つけて後付けで「ネコ」という名前をラベリングし、その動物に追いかけられているすばしこい動物に「ネズミ」という名前を付けたり……という発想です。もともとそこにあったモノや生き物に後から名前を付けたということです。

しかしソシュールはそれを、ある意味で正反対に捉えました。というのも、人間が名前を付けようが付けまいが、動物や植物、モノたちは太古の昔からずっと存在していたわけです。区分けや分類も決まってはいません。

そこへ人が後から現れ、ある日「あの生き物（厳密にいえばあそこからあそこまでの範囲の生き物）はネコという名前にしよう」と決定したことで、そこからはじめて「ネコ」という存在になり、他の動物やモノと分別されたということです。

ソシュールの考えは、私たちが使っている言語に先だって世の事象があるのではなく、言葉で名前を付けることではじめて存在が浮かび上がり、意味が生まれるということ。つまり、言葉によって世界ができているということなのです。

「オオカミ」の一部が人間に馴染むと、その一部は「イヌ」と呼ばれるようになり、「オオカミ」とは区別されます。

言葉とは他の言葉との「差異」により規定される。言語は、「差異の体系」であり、言葉と言葉の違いこそが意味の差異を生み出しているとソシュールはいいました。

言葉と言葉の微妙な差異を理解して、使いこなす力。それが言語化力のベースです。ネット社会では、言葉の使い方ひとつで運命が天と地に分かれることはしばしばあります。語彙《ごい》力が低く言葉を正しく構成できない人は、ビジネスシーンでも私生活の場でも、精緻で厚みのある会話や文章表現ができません。すなわち言語化力が低い人として生きていかねばならないのです。

「肉」と「meat」は違う

いうまでもなく、Aという文化圏の言葉はBという文化圏の言葉とあらかじめセットになって作られているわけではありません。たとえば、「木」と「wood」は違いますし、「肉」と「meat」もイコールではありません。

「おはよう」と「good morning」は一式のセットではないですし、意味も同じではありません。日本語の「お早いですね、ご苦労様です」と、英語の「今日も素晴らしい朝ですね」というニュアンスは違いますし、そもそも言葉としての成り立ちが違います。「どちらも朝の挨拶《あいさつ》として使われているから」と同じ組に分類して並べているだけで、それぞれの言語圏、それぞれの歴史の中で、互いに干渉することなく使われ続けてきたまったく別の言葉です。

言語を学ぶには、その背景にある文化までを含めて理解をすることが重要です。

一般に日本語の「いい（良い）」は英語では「good」、フランス語では「bon」と訳されることが多いですが、当然ながらこの3つも、数学的なイコールで結ばれている関係性ではありません。日本人にとっての「良」の意を示す語として、比較的近い意味を持つという理由で便宜的にくっつけて整理されているだけなのです。

ちなみに、引っ越し作業などで大きな荷物の受け渡しをするとき、日本語だと、受け取る側が「いいよー」などといったりしますが、アメリカ人はそんなときに「good」とはいいません。ところがフランス語では「大丈夫だよ」の意味で「c'est bon（セボン）」と返したりしますので、その部分においては「いい」と「bon」は共通していることになります。

つまり、異なる言葉の持つ意味の範疇《はんちゅう》が重なる部分とそうでない部分があるということです。そのうえで、「いい」「good」「bon」においては、肝《きも》となる「良」という意味の部分が重なるがゆえ、この3語を私たちは「同じ意味の単語」として整理しているわけです。

そういえば以前、日本語を覚えたての英語圏の方と話していたとき、その人が手に食べ物を持ち、それを指さしながら「年寄り」といったことがありました。最初は一体何のことかと思ったのですが、その人は「古い」といいたかったのです。「これ、もう古いみたいだから、食べないほうがいいよね」と伝えるつもりで、英語の「old」を日本語の「高齢」の意味に訳してしまったようです。

もちろん、これはひとつの笑い話ですが、「old」と「古い」はイコールではないことがわかります。

いずれにせよ、言葉とは可能な限り精緻に理解して使うのが理想です。「木」と「wood」を単純に同じ意味として括《くく》ることなく、差異を明確に区別する。それが正しい言語化に繋がるのです。

言葉の解像度は、言語によって異なる

このように、コミュニティによって言葉の精度や解釈の深さは異なり、それぞれ独自の文化や価値観が反映されます。唐辛子《とうがらし》の消費量が日本より遥かに多い韓国では、日本語の「辛い」に相当する言葉が20種ほどあるといいます。

「口から火の出る辛さ」「じわじわと来る辛さ」「口内がスーッとする辛さ」など、食

材ごとの味わいにより細かく使い分けられています。ニンニクの辛さと生姜《しょうが》の辛さも別の単語を使うことが多いといいます。

北欧のフィンランドでは「雪」を表す言葉が非常に多く、駐日フィンランド大使館のX（旧ツイッター）の公式アカウントによると、雪の固さや湿り気などの状態によって40以上もの言葉を使い分けているそうです。

日本で出世魚《しゅっせうお》と呼ばれる魚は、同じブリでも成長段階によって呼び名を4つくらいに分けて表現します。しかし英語ではブリはもちろん、ヒラマサやカンパチなどもひっくるめて「イエローテイル」の1語で括られるのが通常のようです。

「山紫水明《さんしすいめい》」とは自然の景観を表現した日本の言葉ですが、ここでいう「紫」とは、山々が日の光の中で紫色のごとく目に映る様《さま》を表しており、湿潤地である日本ならではの表現と思われます。乾燥した南米の高地やアフリカの砂漠地域などでは、なかなか生まれることがなさそうな言語表現です。

ちなみに、この語は江戸時代の文人、頼山陽《らいさんよう》が京都の鴨川近くの書斎から見た東山と鴨川の様子を表現したものです。個人の体験が普遍的な言葉になることもあります。これぞ言語化力の極みです。

その土地ならではの言葉が必然として生まれ、そこで暮らす人々の心情が彩《いろど》られていく。コミュニティの差異の中でそれぞれの言語が固有の発展を続け、風土に応じた意味を持ちながら言語表現がなされてきたのです。

コミュニティが変われば言語表現も変わる

こうしたことは、国の違いに限ったことではありません。たとえば、ある地方の中山間地《ちゅうさんかんち》に住む知人と電話で話したときの会話を挙げましょう。

齋藤「今そっち、雪降ってるの？」
知人「いや、降ってるっていうほどじゃないな」
齋藤「あれ、降ってないのか」
知人「うん。舞っているっていう程度だよ」

雪が「降る」と「舞う」の日本語としてのニュアンスの違いは、もちろん私もわかります。しかし、このように日常の会話の中であえて「降る」を否定して「舞う」に訂正するという感覚はあまりありません。

しかし、年間を通した降雪量が東京の都心部より遥かに多く、雪とともに暮らしている地域の人たちは、「降る」と「舞う」の差異をここまではっきりと使い分けているわけです。フィンランドの人が雪を細かく分けて表現するのと同じです。

このように、同じ事象を言葉でどれくらい細かく区切るかは、国や地域の風土に委ねられています。ということは、私と彼が「雪が降っている」と同じことをいったとしても、頭の中に描いているイメージはかなり違っているのかもしれません。

これがビジネスの話であれば、たとえばA社とB社が同じ業種や業態であっても、企業文化はおそらく異なりますから、社によっていいまわしや言葉の使い方も同じではないでしょう。こちらが伝えたつもりでも伝わっていなかったり、別のニュアンスで誤って受け取られてしまう可能性もあるのです。

コミュニティが変われば言語表現も変わります。人が言葉で表現する意図を真に理解するには、背景までを含めて緻密《ちみつ》かつ繊細に知る必要があるということです。

言語と身体感覚の結びつき

言語を考えるうえでは身体との関係性も大事になってきます。言語とは単なる記号の集合体ではなく、受け継いできた意味を持っています。国や地域の歴史や伝統、慣習の中で作られてきた思想の蓄積であり、生活文化として身体に深く染み込んでいるものです。

早稲田大学で教鞭を執られた、故・芦田孝昭《あしだたかあき》教授は、著書『中国の故事・ことわざ』（現代教養文庫）で次のように述べています。

「コトバを知ることとは、たんに単語をオボエルことだけでなく、それを使う人の気持を知ることに通じるといっていいだろう。そこをおさえてみなければ、われわれの言語活動は生長しないし、チエも生長しまい」

また、「はじめに」でも触れた上野誠先生は、著書『「令和」の心がわかる万葉集のことば』（幻冬舎）の中で、「日本語を使うということは（略）日本語の伝統のなかでものを考えるということにほかならない」と述べています。

私たちが英語を話すときに、日本語の感覚を切り離してモードチェンジをしないとうまく話せないのも無理ないのです。わかりやすいところでは、肩をすくめたり、表情や身体の動きを大きく変えてみたり、いわば「アメリカ人っぽい自分」に人格を憑依《ひょうい》させて話す感覚でしょう。

つまり、言語を変えると思考も変わるということです。

NHKのイタリア語講座を見ていると、出演者たちのボディランゲージが、私たち日本人より大きいことがわかります。彼らにとってあの身体の動きや表情は、話し言葉と切り離せないものであり、それを含めて「イタリア人の言語化の形」なのです。イタリア語が堪能《たんのう》な知人が、「彼らがもし手足を縛《しば》られてしまったら会話ができないと思うよ」と冗談半分で話していましたが、その意味がわかる気がします。

人にはその言語に合った話し方、イントネーション、あるいは言葉の質や発音の仕方があります。身体性が根本《こんぽん》にあり、そこから言語が作られる。いい換えれば、私たちは言語を通して日本語的な身体や思考を手に入れているということです。

言葉という、いわば文化遺産を継承して生きているにもかかわらず、そのことを深く理解していないために言語化が不得手という人も実際は多いのです。

日本語を使って思考するということ

よく「日本語は論理的な思考に向いていない」「論文には向かない」「論理的な英文を日本語に置き換えるのは難しい」などと主張する人がいますが、私自身はそういった不便さを感じたことは一度もありません。論理的な思考を表現するうえで、日本語が表現力を持っていないかというと、私は十二分にあると断言できます。

日本語は、『日本書紀《にほんしょき》』や『万葉集』の時代から令和の今に至るまで、文献や学術書、研究論文等の様々な形で、複雑で高度な概念を表現し続けてきました。日本の文学や哲学が論理的な思考を豊かに表現できることは、これだけでも十分証明されています。

場面に応じて助詞や副詞、接続詞、連体詞などを効果的に使い、文脈を論理的かつ細やかに伝えることができますし、むしろ世界的に見ても豊富な語彙と表現力を持つ言語と考えるほうが自然です。

世界的な視野から見た日本語の特性と優れた点については、文化庁のホームページにも次のように書かれています。

「日本は中国や西洋など海外の文化を積極的に取り入れてきた歴史を持ち、現在においても外国語で書かれた文献の自国語への翻訳点数において世界有数であることから、諸外国の文物に関する日本語による豊富な蓄積が生じている。これらの日本語による所産《しょさん》の蓄積は、世界の文化資産の一つとして活用し得るものであり、現に、日本独自のものを学ぶことと並んで、アジアからの留学生がヨーロッパの文献を、アメリカからの留学生が中国の文献を日本語で学んでいるような例も見られる」

そのうえで、「日本語による情報発信は、日本人の思考や広い意味での日本文化の発信である」とまとめています。私もその通りだと思います。

海外の文学作品や学術書などが数多く日本語に翻訳され、世界の文化や知識が言語の壁を越えて日本人に共有されていること、さらに海外の留学生たちが、あえて日本語に翻訳された形で欧州や中国の文献を学んでいる事実は、日本語が豊かな表現力と高度な論理性を持つことを意味します。

日本語が言語体系として論理的でないならば、おそらく日本人のノーベル賞受賞者など生まれていないはずですが、内閣府によると、今世紀に入ってからノーベル賞を受賞した人数は、アメリカに次いで日本が第2位です。

確かに、学術論文で使われる言語は原則的に英語ですが、日本人の母語は基本的に日本語です。日本語で思考を養い、知識と教養を積み重ねてきた事実を忘れるべきではありません。医学や法律、科学、文学など、どんなカテゴリーでも日本語で表現できるということ、どんな思考でも嚙《か》み砕《くだ》ける咀嚼《そしゃく》力を持ち、そのうえで膨大な量の語彙を生み続けてきたのが日本語なのです。

「論理的思考に日本語が向いていない」と考える人がいるならば、それは日本語を活用する修練が積めていない、運用する努力が足りていない、すなわち修得できていないことに問題があると知るべきでしょう。自分が使える言葉を最大限に繋ぎ合わせ、今できるベストの表現を試みることが大切です。

第1章

言語化の本質

日本語の特徴① 和漢混淆文

日本語の特質とは何でしょうか。

それは、もともと日本にあった「大和言葉」と中国から伝わった「漢語」が融合し、和漢混淆《わかんこんこう》（交）文として独自の進化を遂げた点にあります。

さらに明治維新以降、近代化政策により西洋からも多くの言葉が流入し、これを哲学者で思想家の西周《にしあまね》や福澤諭吉《ふくざわゆきち》らが翻訳し、多くの造語をしました。これにより、言語としての表現の幅が飛躍《ひやく》的に広がり、豊かな語彙を生む言語体系として成立していったのです。

今、私たちが日常的に使っている「芸術」「哲学」「心理」「権利」などの言葉は、明治以降に西周らが創造した言葉であり、それまでは存在していなかったのです。

このように日本語は、大和の言葉、中国の言葉、西洋の言葉という、〝三種の神器《じんぎ》〟ともいうべき3大ツールで作られているのです。このことを正しく理解し、そのうえで意味を最大限に活かして使うことが言語化の王道です。

時代を奈良時代にまでさかのぼれば、『万葉集』は、既に漢語も随所に使われていますが、基本的にはまだ大和言葉を中心に構成されています。もちろん西洋語はありません。

たとえば、柿本人麻呂《かきのもとのひとまろ》が詠んだ「東《ひむがし》の　野《の》に炎《かぎろひ》の　立つ見えて　かへり見すれば　月傾《かたぶ》きぬ」という有名な歌がありますが、これなども大和言葉の美しい語感が実によく出ています。

もっとも、この読み方は江戸時代中期の国学者である賀茂真淵《かものまぶち》の解釈による読み方であり、実際に奈良時代にどのような音で読まれていたかはわかっていませんし、多くの専門家が様々な説を唱えています。

いずれにせよ、「大和言葉の美しさ」について意識し、日々の言語化に上手に取り入れてみましょう。

大和言葉と漢語のバランス

一般に、医学や法律のような分野では漢語での思考が向いているとされます。一方、自然を愛《め》でたり、感情の揺れ動きなどを表現する際、日本人の心に強く響くのは大和言葉です。

和漢混淆文の典型作として知られる『平家物語《へいけものがたり》』も、大和言葉と漢語が加減よく配分されています。冒頭の「祇園精舎《ぎおんしょうじゃ》の鐘の声、諸行無常《しょぎょうむじょう》の響きあり」の中で、「祇園精舎」「諸行無常」は漢語、「鐘の声」「響き」が大和言葉です。

漢語と大和言葉が組み合わさったリズムが当時の日本人の心にフィットし、さらに800年余りの時を経て、私たちの心にも引き継がれているということです。

こうした日本古来の言葉が持つ語感の素晴らしさを表現できる人は、ビジネスの場で感情を伝える際にも、穏やかな言葉に置き換えて話せるようになるはずです。

ためらいや漂《ただよ》う様を意味する「いさよふ」や、言葉の持つ力を表す「ことだま」、あるいは「うるはし」「かぐはし」「ちはやぶる」などの美しくも雅《みやび》な言葉を、さりげなく使ってみてもいいかもしれません。

言葉は実際に使われることで意味を持ち、教養となります。昔の言語を学ぶという行為は、何も歴史好きな人たちの専売特許ではなく、ビジネス空間で社会的な評価を高める大きな助けになるのです。

このように、大和言葉と漢語、西洋の訳語を日本語の柱として考えたとき、自分はどの言葉をどの程度使えているのか。先ほど「三種の神器」にたとえましたが、３色ある言葉をどれくらい上手に使いこなせているのか、言語力を高めるにはそのことを意識する必要があるでしょう。

日本語の特徴② 漢字とカタカナ

漢語と大和言葉の加減と心地好さについて触れましたが、西洋から輸入された言葉とのバランスについてはどうでしょうか。

先の「哲学」や「権利」といった、明治期に西や福澤らが生み出し、既に私たちの暮らしに定着している言葉はさておき、いわゆるカタカナ用語で考えてみましょう。

たとえば、法令遵守を意味する「コンプライアンス」、企業統治を意味する「ガバナンス」といった言葉は、１９９０年代後半あたりからニュースや新聞記事で目にするようになりました。

当時は記事で見かけても、意味がわからずに読み進められなかったり、「新しいビジネスワードだな。今度、職場で上司の前で使ってみよう」などと思った人もいたでしょう。しかし、今では日常会話の中で誰もが使っています。「ウイットに富んでいる」「豊富なアイデア」などは、もはやセットになって日常語として定着しました。

もともとは心理学で用いられていた「モチベーション」も、最初はサッカーの記事などで見かけるようになり、今ではあらゆるシーンで使われる便利で汎用性が高い言葉になりました。

同じように「コミット」「インセンティブ」「アサイン」「スキーム」といった言葉も、加減よく会話や文章の中に取り入れれば、今の時代はむしろ相手に理解されやすいといえます。

重要なのは「場に応じたさじ加減」です。ただ、そのラインは時代とともに変わっていきますので、その変化を感じ取れる感性も必要です。

同じように、法律や医学、自然科学といった論理的な考察がより重視される分野では、そこに合った文章表現があります。

たとえば、「社会秩序の維持及び公共の福祉のために個人は法令を遵守し、他者の権利を侵害することなく、社会的義務を全《まっと》うすることが……」という文章を、言葉が難しくてわかりにくいからといって「人に迷惑をかけたりルールを破ってはいけません。正しく社会の中で生きていきましょう」という表現に変えてしまうと、法律的な意味や精度が失われ、曖昧さが生じ、誤った解釈が世に広まる可能性があります。

文章とは必ずしも、平易《へいい》にすれば良くなるわけではありません。法律や医学に関する文章では、一定以上の専門表現を維持しながら、何よりも意味を精緻に伝え、絶対に誤解を生まないことが必須となります。

日常会話ではわかりやすい言葉を使い、円滑な意思疎通を図る一方、法律や医学関連の文章では正確性を優先し、一般的に馴染《なじ》みのない語彙も用いられます。状況に応じた言語表現を選ぶことで、理想的な形で意図を伝えることができるのです。

日本語の特徴③　ルビの存在

日本語の大きな特徴として、ルビ（ふりがな）の存在があります。私は常々、本を声に出して読む音読を様々な形でおすすめしており、その一環で日本の文学作品を総ルビ大活字で表したテキストシリーズを出したこともあります。

音読の効能については、声に出して読むという身体的行為が、カラオケのようにシンプルに気持ちがいいだけでなく、脳の前頭葉《ぜんとうよう》を活性化させて記憶や思考、創造力に良い効果が期待できます。さらに作品そのものを身体に染み込ませて教養に落とし込むことができるなど、多くのメリットがあることがわかっています。

このことは拙著『声に出して読みたい日本語』（草思社）などで触れてきましたので、関心のある方は手に取って、実践していただければと思います。

幸田露伴《こうだろはん》の『五重塔《ごじゅうのとう》』の冒頭は、「木理《もくめ》美《うるわ》しき槻胴《けやきどう》、縁《ふち》にはわざと赤樫《あかがし》を用ひたる岩畳《がんじょう》作りの長火鉢《ながひばち》に対《むか》ひて話し敵《がたき》もなく唯一人《ただひとり》……」です。こうした文章を現代人がルビなしに読むことはかなり難しいでしょう。

泉鏡花《いずみきょうか》の『歌行燈《うたあんどん》』も、「臘虎《らっこ》皮の鍔《つば》なし古帽子を、白い眉尖《まゆさき》深々と被《かぶ》って、鼠の羅紗《らしゃ》の道行《みちゆき》着た、股引《ももひき》を太く白足袋《たび》の雪駄穿《せったばき》」といった具合で、言葉が幾重にも小気味よく連なっていて、声に出して読むと実に爽快です。これも現代の私たちがスラスラと読むにはいささか難易度が高いわけですが、ルビがあると朗々《ろうろう》とした声で迷わずに読み進めることができるのです。

そもそも、明治から昭和前期の文学は、「そんな日の或《あ》る午後」（堀辰雄《ほりたつお》『風立ちぬ』）、「己《おれ》の凡《すべ》て」（中島敦《なかじまあつし》『山月記』）、「人間は死に依《よ》って」（太宰治《だざいおさむ》『パンドラの匣』）といったように、現在はひらがなで表記している言葉の多くも漢字が使われていましたので、音読でなくてもルビの存在はとても助かります。そして、それこそが日本語の大きな特徴のひとつです。

ルビで遊ぶクリエイティビティ

日本語のルビのおもしろさは、単に読み方が難しい漢字が読めるというだけでなく、たとえば「悄然《しょうぜん》」という語に、遊び心で「しょんぼり」というルビをふるなど、言葉の持つ意味と表現の可能性をクリエイティブに広げられる点にあります。

私はサッカー漫画の『ブルーロック』（金城宗幸《かねしろむねゆき》原作、ノ村優介《むらゆうすけ》漫画）が大好きなのですが、「超越視界」と書いて「メタ・ビジョン」と読ませるなど、ルビ選びのセンスがぶっ飛んでいて感動すら覚えます。「ビビる局面（とこ）じゃない！」「ワクワクする舞台（とこ）!!」などは、「〜するとこ」という若者の口語表現を、「局面」「舞台」という2つの異なる熟語で表していて実に秀逸です。

劇画『北斗の拳』（武論尊《ぶろんそん》原作、原哲夫《はらてつお》漫画）でも、作品を通じた様々な場面で、「宿敵」や「強敵」という言葉に「とも（友）」という粋《いき》なルビがふられており、正規の読み方を超えてもうひとまわり大きなドラマ性を生み出しています。

余談ですが、ある生成ＡＩに「宿敵と書いて友と読む」というプロンプトを入力してみたところ、「『宿敵』と書いて『友』と読むことはありません。『宿敵』は『しゅくてき』と読みます」という、至極《しごく》まっとうな答えが返ってきました。そういわれてしまえば人はぐうの音《ね》も出ません。やはり、日本語の可能性を柔軟に広げていくのは、今のところはＡＩより生身の人間の感性と創造力なのでしょう。

それはともかく、日本語にはルビ、すなわち、ふりがなという強力な言語ツールがあり、読み方を補足することで、難解な学術書や技術文書に誰もがアクセスできるのが大きな強みです。ルビは、日本語の漢字を学ぼうとする外国人や小さな子ども、あるいは『五重塔』のような文章を読む大人の私たちにとっても、言葉の魅力に触れる手助けとなってくれているのです。

相手の目線に合わせた言語化

このように、様々な特性を持つ日本語ですが、言語化をするうえで常に求められるのは、相手の立ち位置を考慮《こうりょ》する視点です。というのも、言語化能力について判定をするのは、基本的に受け取る側だからです。

一般に、自分に自信がある人、地頭《ぢあたま》が良くて仕事ができるという自負がある人ほど、言語化も上手だと考えがちです。しかし、実際は取引先の担当者にうまく伝わっていなかったということが生じたりします。

「後でやっておいてください」という伝達を、「この後すぐにやるべき業務」と相手が捉えるか、「後まわしでいい」と解釈するかは、口ぶりや業務の進行状況、互いの関係性などによって違ってきます。

「私はちゃんといいました。勘違いした相手の責任だと思います」といい張っても詮《せん》ないことです。重要なのは「何をいったか」ではなく、「何を伝えたか」です。いかにして正しく伝えるか、そのためにどのように言語化すべきかが問われます。

　このことを、大学入試における現代国語の問題を例に考えてみましょう。

　たとえば東京大学の現代国語の問題では、お題となる文章の中に傍線がいくつか引かれ、「傍線部①をわかりやすく説明しなさい」という形で聞かれるのが通常です。

　日本語を別の日本語に置き換えるということは、そのままの表記では理解できない、あるいは誤解される可能性を秘めているということです。だからこそ出題者は問題として選んでいるわけです。書き手側が、自分の考えを示すうえで的確な言葉を選んだつもりでも、自分以外の人には伝わりづらいこともあります。

　言語化とは、必ずしも自分が心地好いと感じる言葉を自由に選べばいいわけではなく、相手が理解できているかを汲《く》み取る視点が必要です。もし、相手が理解に迷っている可能性があると気づいた場合は、自分の発した言葉を再び噛み砕いて、別の表記へ置き換える必要が出てきます。

　私は学生を相手に授業をしたり、講演では小中学生から若い社会人、あるいは中高年世代まで、幅広い層を相手に話をする機会があります。その場合、同じようなテーマであっても、大学生に講義で話すときと、子どもたちを相手に話をするときでは、当然ながら言葉の選び方や表現の仕方を変えています。

私はかつて、主に小学生を対象にした「齋藤メソッド」という私塾のようなものを開いていた時期がありました。そこでは子どもたちの日本語力を高めながら、コミュニケーション能力と心身の成長を同時に促す試みを行なっていました。

その中で、ドストエフスキーやゲーテ、シェイクスピアといった文豪や哲学者の著書を読みながら、意見や感想を出し合ってもらうという授業をしていたのです。

「そんなに難しい本を子どもがわかるのか？」とびっくりする人も多いのですが、小学生にもわかるように言語化して解説するだけなので難しいことではないのです。

たとえば、経営マネジメントの父と称されたピーター・ドラッカーに関する本を、私は小学生向けに作ったことがありますが、子ども向けに平易な文章を用い、図版も併用することで、誰でもスラスラと読むことができるようになっています。

ドラッカーは、「トップマネジメントの仕事とはチームによる仕事で、ひとりで行なうことは不可能である」といいましたが、これも少年野球やサッカーのチーム作りなどに置き換えて言語化をすることで、小さな子どもの心にもストンと落とし込める情報に変換することができます。

考えてみれば大人でも、『源氏物語』などの古典を読むときは、現代語訳で読むのが普通ですし、最近では口語的な表現でより易《やさ》しくまとめられた書籍も出ています。場合によっては漫画化されたものから手に取る中高年世代の方だっているでしょう。それと同じことです。

言語化によって難易度を調整する

元メジャーリーガーのイチローさんは、たびたび日本へ帰国して全国の高校球児へ指導をしています。その様子をニュースで目にするとき、感心するのは、イチローさんが常に相手のレベルに合わせた言語化をしていることです。

強豪校では高い課題を提示してやや厳しめに接し、「聞きたいことがあればどんどん聞いて」というスタンス。一方、公立の進学校では選手を肯定的に褒《ほ》めながら、比較的優しい目標を提示し、そのうえで自分から積極的に話しかけながら練習方法を伝えているように見えました。

以前、ある企業の管理職の方と話したとき、仕事につまずいている部下と接するときのコツについて伺ったところ、次のように仰《おっしゃ》っていました。

まず、これまでの良かった成果を見つけて褒め、存在を受け入れる。ノルマのラインは優しめに設定し、そこから階段をステップアップするような形で背中を押してあげて、そのうえで新しいスキルを身につけるための研修を提案するなど、段階を踏んだ成長の機会を与えるのが基本ということでした。

イチローさんのやり方は基本的にこれと同じです。印象的だったのは、ある学校の生徒たちへの、「僕から聞いた言葉を皆さんが頭の中で整理して、自分なりに言葉にして答えを出している様子に感心しました」という言葉です。まさに本書のテーマとも重なる視点で、イチローさんが指導をしていたことが伝わってきます。

伝えるべきことを相手によって難易度を変えてできるかどうか、言語化能力としてはそれが重要です。いい換えると、それさえできればどんな情報も言語化による置き換えが可能になります。

母語で思考の基礎を鍛える

言語としての日本語の素晴らしさについて述べてきましたが、誤解していただきたくないのは、私は何も日本語至上主義を唱えているわけではありません。

日本語が世界的に見ても素晴らしい言語であること、母語に習熟することの必要性を再認識し、思考と感性を豊かに養いながら、言語化力を高めてもらいたいのです。

そもそも「国語力」とは、知識を深めるための「考える力（理解力）」、知識を上手に使うための「伝える力（表現力）」、そしてコミュニケーション力を高めるための「いい換える力（比較力）」という3つに大別できます。これらの力があってはじめて、教養を高め、言語化力を養うことができるのです。

自分の子どもを「国際人に育てたい」といって、幼少期から英語を教えることを悪いとはいいませんが、まずは母語である日本語をしっかりと学び、思考の基礎となる足腰を鍛えるほうが先決です。英語を話せるから国際人なのではなく、英語を使って発信できる何かがあるから国際人なのです。

東京大学の藤江康彦《ふじえやすひこ》教授らの共著『メタ言語能力を育てる文法授業――英語科と国

語科の連携』（ひつじ書房）では、母語を用いた高次元の文法理解こそが、生徒の国語力や英語力、さらにはそれ以外の外国語能力の向上に繋がると論じられています。

どの言語にも良さと特徴があります。それぞれの国や地域の人たちが各々の母語に習熟することで、感情や思考を繊細に表現できるようになり、そのうえで他の言語圏の人たちと意味のある意思交換ができるのです。

特に今は昔と違い、ＡＩの翻訳機能を使えばどんな言語同士でも自由に翻訳し合える環境にあります。キーをポンっと打つだけで、ネット空間で一瞬にして、自分で書いた日本語がペルシャ語やスワヒリ語に変換されます。しかも１円もお金をかけずにです。これは言語史において画期的なことです。

実際、動画サイトなどを見ていても、日本の歌謡曲やアニメの主題歌の歌詞を外国の方が翻訳し、その感想を自国の言葉でコメント欄にアップしていたりします。

それを私はサイト上で日本語に翻訳して読むことがあるのですが、実に深いところまで世界観を理解している人が多く、その見識と洞察力、理解度の高さにいつも驚かされています。

特に歌詞というのは論文や報告書と違い、抽象的な表現で綴《つづ》られることが多いので、日本人であっても聴く人によって解釈が分かれるのが普通です。曲によってはコメント欄に「何がいいたいか全然わからない」といった声をよく見かけます。

そうした中、ヨルシカの《だから僕は音楽をやめた》という楽曲の歌詞に対して、ドイツの一般の方が感想を書き込んでいたのですが、これが胸を打つほどの感動的な文章だったのです。正しく歌詞を受け止め、そのうえで自分の経験とも照らし合わせながら、説得力のある厚みのある文章として構成されていました。

念のために整理をしますと、アーティストが書いた歌詞は日本語で、それをドイツの方がサイト上でドイツ語に翻訳して読み、感想をドイツ語で書き込んだ。それを私が日本語に翻訳して読んだ、ということです。

そんな言語の伝言ゲームのような流れで、はたして意味が伝わるのかというと、これがかなりの精度まで伝わるのです。

もちろん、ＡＩ技術の進歩が正確かつ忠実な翻訳を可能にしたという背景はあります。しかし前提として、そのドイツの方が母語をしっかりと習熟してきた人であり、読む側のこちらも日本語を正しく学んできた。これがもっとも重要なところです。

言語はグローバルな普遍的スキル

福澤諭吉はもともと漢学に精通していましたが、時代の中で西洋を知るためにオランダ語も学びました。やがて西洋をより深く知るには英語も必要だと考え、今度は英語も習得してしまいます。

この根本にあったのが福澤の卓越した日本語力でした。幼い頃から漢文に接して日本語に置き換える訓練ができていた福澤は、同じようにオランダ語も英語も文章を分解して構造化し、日本語で表現することがさほど苦にならなかったのです。母語に十分習熟していたからできたことです。

違う国の言語構文を理解し、それを別の言語に置き換える表現力の源泉は、母語であるということを理解しておかなければなりません。

フランスの詩人ジャン・コクトーは昭和11年に来日した際、仏文学者の堀口大學《ほりぐちだいがく》の案内で大相撲をはじめて見学し、そのときの想いを母語で日記に残し、堀口がこれを次のように日本語へ翻訳しました（一部を抜粋）。

「力士たちは、桃いろの若い巨人で、シクスティン礼拝堂の天井画から抜け出して来た類稀《たぐいまれ》な人種のように思える。或《あ》る者は伝来の訓練によって、巨大な腹と成熟しきった婦人の乳房とを見せている。（略）いずれのタイプの力士も、髷《まげ》を戴《いただ》いて、かわいらしい女性的な相貌《そうぼう》をしている。頭の真中にのっかった油で固めた上向きの束ね髪、うしろは扇の形に広がって。浄《きよ》めの塩を土俵に振りまいてしまうと、両力士は股《また》をひろげ、両手を腿《もも》にあて、悠々と、力をこめて交互に片足ずつを踏みしめる。（略）不動の平衡《へいこう》が出来上がる、やがて足が絡み、やがて帯と肉との間に指がもぐり込み、まわしのさがりが逆立ち、筋肉が膨《ふく》れ上り、足が土俵に根を下ろし、血が皮膚にのぼり、土俵いちめんを薄桃いろに染め出す」（『ジャン・コクトー全集〈5巻〉』［東京創元社］より）

力士を「桃いろの若い巨人」と表現し、これをバチカンの礼拝堂の天井画に重ねたことで、鮮烈なる視覚イメージが伝わってきます。「不動の平衡」という張り詰めた空気から、一気に迫力ある取り組みへと描写が移り、力士たちが激しく当たる音やほとばしる汗が、まさに桃色の気と化して立ち昇る様が映し出されるかのようです。

画家でもあったコクトーの豊潤なる感性、そして翻訳した堀口の言語力と教養には敬服をするばかり、何度読み返しても品格のある美しい文章です。

こうして考えると、言語力とは特定の国、地域の言葉や文化に限定されるものではなく、すべての人たちに共通する普遍的な力であることがわかります。日本語であれフランス語であれ、オランダ語であれ、人がどの言語を用いるとしても、誰もが各々の思考をつぶさに表現し、意思を疎通する力を持っているのです。

AI時代にこそ求められる言語化力

重要なのは自分たちの母語に習熟しているということです。そうであれば、どの言語を用いても人は思考を表現し、他の文化圏の人と意思を交換できるのです。

一方で、言語に習熟していない人がいくらＡＩを使い、翻訳しながらネット上で交流をしたとしても、中身がないのでやり取りの内容も空っぽなままです。

母語を用いて自分の意見をしっかり言語化できている人は、通貨を交換するように他の言葉に正しく置き換えることができます。

交換できる共通通貨とは、他でもない「意味」です。そう考えると、意味を持たない人は外国語を覚えても交換する通貨を持っていないのですから、本当の意味での意思疎通は図れないのです。

母語に習熟している人同士であれば、たとえ他の文化圏であっても翻訳を通じ、意思を深いところまで交換できる。だとすれば、その人の言語化能力を推し量るには、異なる国の人と翻訳で会話をしてみるのがいい、と考えることもできます。

これが日本人同士だと、たとえば先述した雪が「降る」「舞う」の例のように、相手がわかっているはずだという思い込みや、曖昧で婉曲的な表現のために、実は深く疎通できていないことに気づかずに話が流れてしまうことが多いのです。

ところが、仮にイスラム圏の人を相手に「日本の家には、なぜ神棚も仏壇もあるのか」あるいは「すべてに霊性を認める日本人の精神風土」といったテーマで議論を交《か》わすことになれば、曖昧な言葉のやり取りは決して通用しません。相当な語彙力とそれに伴う言語化力が求められるでしょう。日本人同士なら「そういうもんだから」で終わる話も、ムスリムの人へは何の説明にもなりません。

「ふわっとした日本的な発想」を放置することなく、できる限り精緻に訳すのは骨の折れる作業ではあります。しかし、言語化力を高めればそれも可能なのです。

「この発想は日本人にしかわからない」「翻訳して外国人に言語化するなんて無理」と決め込んで、諦めてしまうのは拙速に過ぎます。どんな複雑な概念でも翻訳して伝える力を言語は持っています。たとえ１００％が無理でも、90％や85％を伝える努力を惜しんではならないのです。

日本語の特性を深く理解し、日本語に習熟することで、世界中の言語化力の高い人と通じ合うことができます。こうした視点を持つことは、言語を考えるうえでとても意義深いと思うのです。

優れた翻訳により伝わる文化

言語化力が普遍的なスキルであること、どれだけ日本的なものでも、かなりの精度まで翻訳して伝えることが可能だという話をしてきました。

たとえば、三島由紀夫《みしまゆきお》の作品は日本的な美学や伝統的価値観に根差して書かれていながら、多くの国で翻訳され、今や世界中に大勢のファンがいます。

作品に内在する普遍的なテーマを、海外の読者が翻訳文を通して理解し、心を揺さぶられるからでしょう。

川端康成《かわばたやすなり》がノーベル文学賞を受賞した際の対象作品のひとつ『雪国』のタイトルは、『Snow Country』と英訳されました。

日本人がこのタイトルだけを見ると若干の違和感を覚えますが、本文の内容は美しい英文で巧《たく》みに表現されており、日本人の心にも風情がしっかりと伝わってきます。

「国境の長いトンネルを抜けると雪国であった」という有名な冒頭の文は、「The train came out of the long tunnel into the snow country.」と訳され、日本語の書き出しには無い主語の部分に「The train（列車）」が置かれているのがわかります。こうした文法上の違いに翻訳者がどう対峙《たいじ》し、言語化を試みたかを知るのも楽しみのひとつです。

ちなみに、この翻訳をした日本文学研究家で翻訳家のエドワード・G・サイデンステッカー教授に対し、川端は受賞の半分が教授の貢献によるものだとして、賞金の半分を贈ったといいます。

また、アメリカ生まれの小説家で日本文学者のリービ英雄《ひでお》教授は、日本人にとっても手ごわい『万葉集』を『英語でよむ万葉集』（岩波新書）という1冊にまとめています。読んでみるとわかりますが、ある程度の英語力がある人であれば、日本語の原文のまま読むよりも、むしろ意味がわかりやすいという内容になっています。

サイデンステッカー教授やリービ教授が秀逸《しゅういつ》な翻訳をできるのは、お2人が彼らにとっての「国語」である英語に習熟し、そのうえで日本の言語や文化や芸術に触れて精通していったからです。

お茶の水女子大学名誉教授で数学者の藤原正彦《ふじわらまさひこ》先生は、「一に国語、二に国語、三、四がなくて五に算数。あとは十以下」と仰っています。母語である国語を子どものうちからしっかりと学ぶことがいかに大切か、そのうえで「私が数年の海外生活を通して痛感したのは、東西の名作名著や日本の文化や伝統に精通していることが、流暢《りゅうちょう》な英語を話すこととは比べものにならないほど重要であるということでした」とも述べられています（『致知　２００６年１月号』［致知出版社］）。

母語の習熟と外国語学習

日本人も英語ができたほうがいいというのはそのとおりですし、私自身も勉強をしました。ただ、私の場合は昨今一般化している、時事的で便利な短い会話を多く覚えるという合理的なやり方ではなく、骨太で難解な英語の長文を精緻に訳すという作業に熱量を注ぎました。

その結果として得たものは、英語力はもちろん、日本語力の飛躍的な向上です。長い英文の内容を正しく把握しようとすれば、その文の構造から分析する必要があるわけです。脳に和訳の負荷がかかれば、日本語力もその分だけ鍛えられるのです。

翻訳家の知人によると、翻訳に真に必要なのは英語力以上に日本語力だということです。私も翻訳書を出したことがありますが、翻訳は日本語を構造的に捉えるトレーニングになります。

異なる言語を学ぶと、言語構造の違いや語彙の差異を知ることができ、これが回りまわって母語である日本語の理解力を深めることになるわけです。

福澤諭吉の例にもあるように、違う国の言語構文を理解し、それを別の言語に置き換える表現力の源泉は母語です。

私も今では講演や大学の講義などの場で、時には原稿がない状態で話をしても、会話がねじれて矛盾《むじゅん》したりすることもなく、論理性を担保《たんぽ》しながら長い時間話し続けられるようになりました。

そうした思考の働きができるようになったのは、ひとつには若い頃に複雑な英語の長文と向き合い、言語構文を理解しながら日本語に置き換えるトレーニングを積み重ねたからです。外国語学習が実は日本語力をも大きく伸ばし、ひいては会話や文章を上手にするということを、この機会に知ってほしいと思います。

言語化力の高い人・低い人

国語力が低く普段から狭い範囲でしか語彙を使えていない人は、たとえばAという言葉の表現に違和感を持ったとき、代わりのBやCという安全性の高い言葉を頭の中から探してくることができません。

武器を3つ持っていれば、その中からもっとも効果が期待できるものを選べますが、選択肢がひとつしかなければ玉砕《ぎょくさい》覚悟でそれで戦うしかありません。結果、不適切発言をして炎上したり、取引先を怒らせたりということになるわけです。そう考えると、言語力化が高い人ばかりの集団は随分と平和なコミュニティであるはずです。

図2の縦軸は表情や言葉の選び方を、横軸はスピード感を示しています。相手が上司であっても部下であっても、言語化の理想は「優しく和やかに、かつテキパキと」。図の右上のゾーンを目指すということです。

自分を「デキる上司」「論理的な思考ができる」と思っている人ほど、往々にして右下のゾーンで話していたりしますので注意が必要です。

そして、いうまでもなく最悪なのは左下です。こういう言語化をしていて、おかし

図2　言語化の理想とは

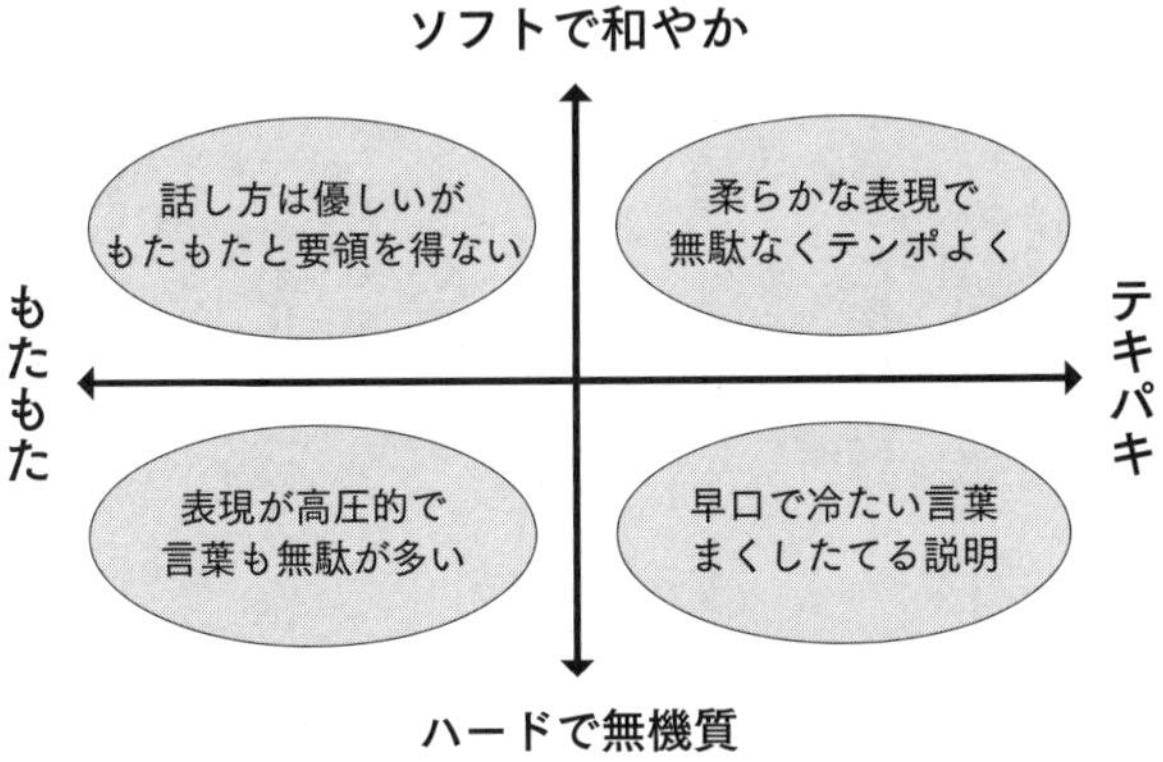

いと気づけない社員ばかりの企業は、業績を向上させるのは難しいでしょう。「ソフトかつテキパキ」のコミュニケーションが身につけば、誰に対してもスムーズに言葉を伝えることができ、それがひいては企業全体のパフォーマンスに繋がるのです。

このように、快適な言語活動を行なうためには、言葉を交換する相手は重要な存在です。「この人なら相談できる」「ためらわずに報告ができる」、あるいは「あの人はこちらの伝えたいことを正しく理解してくれる」と思える相手が身近にいると、それだけで人生の幸福度は上がります。当然、仕事や生活も楽しくなるわけです。

言語化力の高い人は、相手の発言内容から必要な情報が漏れているときでも、「その場合はこれも必要だよね」「むしろこちらの考えもあるよね」と確認をしながら話を進めることができます。これが相手に安心感を与え、コミュニケーションも円滑になるのです。言語化力は自分が言葉を発するときのみならず、受け取るときにも試されるということです。

野球にたとえると、どこへ投げても捕球してくれる上手なキャッチャーがいてくれれば、少しくらいコントロールが悪い新人ピッチャーでも安心して投げられます。同じオフィスにそんな上司や先輩がいれば、部下や後輩は安心して言葉という球を投げることができるでしょう。

スポーツ選手と言語化力

スポーツと言語化力の関係性について考えてみましょう。

サッカーでは、選手一人ひとりが監督の描く戦術を理解し、戦略的思考を持ったうえでプレーをしなければなりません。自分のポジションをこなすだけでは不十分で、それぞれにマルチタスクの実践が求められます。

この概念を時代に先駆けて世界へ示したのが、オランダのヨハン・クライフです。1970年代を代表する選手のひとりで、彼の監督であるリヌス・ミケルスが「トータルフットボール」という組織戦術を提唱し、これが世界のサッカーを変えました。

全員が守備をし、全員が攻撃するというこの戦術では、ボールを持った者がリーダーとなり、ポジションにとらわれず全員が自分の意思で動きます。この考え方は半世紀を経た現代のサッカーにも受け継がれています。

一方、かつての日本のサッカーはどうだったでしょうか。2007年に大阪でフットボールカンファレンスという大会があり、そこでイタリアとドイツの試合が行なわれました。このとき、イタリアの選手が反則をとられて退場になった際、イタリアチームの誰一人としてベンチを見ていなかったことに、当時の日本人レフェリーが驚いたという逸話があります。

ベンチを見ないということは、選手たちが自分で考えているということです。その難局にどのようなロジックで挑むべきか、一人ひとりが言語化して理解できていたのです。監督が描く戦術を選手が共有し、そのうえで自分自身で思考するということ。これが当時の日本サッカーとの致命的な違いだったのです。

論理的思考に欠かせない言語技術

「スポーツと論理的思考」「チームと言語力」といったテーマの重要性に気づき、日本で最初に選手育成に導入したひとりが、元サッカー日本代表で日本サッカー協会会長も務め、ＪＦＡアカデミー福島（日本サッカー協会が２００６年に開校した中高一貫の教育機関）の初代スクールマスターだった田嶋幸三《たしまこうぞう》さんです。

田嶋さんは著書『「言語技術」が日本のサッカーを変える』（光文社新書）で、次のように述べています。

「アカデミーが『エリート教育』を実践していこうと考えたとき、その中の大きな軸として取り入れた学習がこの『言語技術』でした。『言語技術』は、日本のサッカーが欧米と対等に試合をしていく際、確実に獲得し、消化し、血肉化していかなければならない決定的な能力である、と私は確信したからです」

「瞬間的に状況を分析して、的確に判断するためには、サッカーの場面だけの言語を習得するだけでは十分とはいえません。そこで、あらゆる状況に置かれたときでも論理的に考えて分析し、判断ができるように『言語技術』を学んでいかなければならない、と考えたわけです」

フィジカルを鍛えることだけを重視するあまり、学業が疎《おろそ》かな選手を大量に生み出すという昭和のやり方では、日本のサッカーはいつまでも世界で通用しない。体力や身体技術と同じくらい、考える力や筋道を整理するロジカルな思考、すなわち言葉の表現力を育てる必要性を田嶋さんは説き、アカデミーで実践したのです。

そこから20年近くが経過し、日本サッカーのＦＩＦＡランキングは15位にまで上がりました（２０２４年12月現在）。試合後のインタビューなどを見ても、サッカーの選手は特に、論理的な話し方が上手だという印象があります。その背景にはこうした積み重ねがあったのです。

現在はこの考えが少年サッカーの指導にまで浸透しています。人気サッカー漫画『アオアシ』（小林有吾《こばやしゆうご》）では、「言語化力」が中心的な課題とされ、全体を見る視野、カバーする力が強調されています。

このように、選手一人ひとりがマルチタスク能力を身につけて、パフォーマンスを最大化するという考えはビジネスにおいても同様です。監督やコーチが戦略を決めるように、企業では経営者がその任を担います。

難しい話を社長しか理解しておらず、末端の社員がわかっていないという企業はままありますが、そうした組織は一般的には総合力が低いと判断されます。商品やサービスが実際に作り出される場所はあくまで現場です。現場レベルで一人ひとりが戦略を言葉で理解し、話し合えることが重要な意味を持ちます。

「人数が少なくて仕事が終わらない」という場面も現実にはあるかもしれませんが、一方、現代はデジタル技術がインフラとして社会に定着する中で、パソコンやネットなどテクノロジーの力を借りながら仕事ができます。昭和の社員の3人分の仕事をひとりでこなせる、という業務も少なくないはずです。

そう考えると、社員ひとりに対しての期待値が増していくのもある意味では当然です。一人ひとりがマルチタスク能力を発揮し、効率よく仕事を遂行する力がますます求められていくでしょう。

システムシンキングは言語化である

チームや集団は、言語を介してすべからく共通認識を持つべきです。その視点を持たない限り、コミュニケーションは常に非効率化し、実際のプレーでは合理的な戦術的連携が図れません。

目標を共有し、メンバー各自が強みやスキルを発揮し、それぞれのストロングポイントを繋ぎ合わせていくことで総合力は高まります。それには複雑な問題を整理して理解する力、すなわち言語化力がすべてのメンバーに求められるのです。

「週刊少年ジャンプ」に連載されている『ハイキュー!!』（古舘春一《ふるだてはるいち》）というバレーボール漫画では、圧倒的なセンスを持つ天才セッターの影山《かげやま》君が登場します。影山君はセッターというポジションの重要性について、「試合の『状況』とチームの『状態』の両方を的確に把握すること」を課題にしています。

試合がどういう「状況」にあるか、チームはどういう「状態」にあるか、そのうえで誰にどんなトスを上げるのがベストの選択なのか。それを瞬時に決める力を影山君は意識してプレーしています。

これは、「システム思考《シンキング》（大局的な視点）」と呼ばれる概念で、アメリカの経営学者ピーター・M・センゲが著書『学習する組織――システム思考で未来を創造する』（英治出版）で提唱しています。影山君はそのシステムシンキングが身についているということでもあります（システムシンキングについては第3章で後述します）。

ビジネスの世界でも同様で、「状況」と「状態」をセットにして勘案することで、多くの懸案はクリアになっていきます。いい換えれば、「この状況と状態を言語化してみて」といわれて、瞬時にそれができる思考が必要ということになります。

仮に全員がそのような思考と言語化力が身についているなら、その組織は間違いなく強いはずですし、困難な状況を打破できる実力を持っているはずです。

複雑な問題を整理し、考え、理解することが論理的な思考であり、すなわち言語化力に繋がります。言葉にできないということは、複雑さが解消されていないということです。言語化力は組織や集団の結束力を強化し、成果を最大化するための必要不可欠なスキルなのです。

人の心をつかむワンフレーズの力

どんな職種でも、すべての仕事の出発点は認識の共有にあります。企業が経営理念をスローガンとして掲げ、存在価値を社の内外に訴えているのもそのためです。

最近では「目的」や「目標」を意味する「パーパス（Purpose）」という言葉も使われますが、いずれにせよ企業のアイデンティティを社員が共有し、同じ方向に進んでいくためにスローガンはなくてはならないものです。その企業の社会的役割を、極めて短いフレーズに圧縮した究極の言語化と捉えることもできるでしょう。

たとえばトヨタ自動車であれば「笑顔のために。期待を超えて。」、ソニーグループは「クリエイティビティとテクノロジーの力で、世界を感動で満たす」、三菱商事は岩崎小彌太《いわさきこやた》が示した「三綱領《さんこうりょう》」の経営理念、といった具合です。

メンバー全員に認識が共有されていない集団はパフォーマンスに一貫した哲学がなく、戦術の理解度にも個人差が生まれるため勝利を収めることは難しくなります。

仕事もスポーツ同様、基本的にはひとりで行なうものではなく、互いにカバーをし合いながら助け合って進めていくことが原則です。

たとえば、コンサルティング企業であればプロジェクトが起こると4～5人程度のメンバーでチームが立ち上げられ、そのうえでカウンターパートとなる顧客企業とのミーティングを重ねながら、データ収集や分析、プランの練り上げなどを一致団結して行なう流れとなります。案件によっては数か月間もクライアント先に常駐するメンバーも出てきます。

そのような激務を支えるのが、メンバー全員に共通する理念、すなわち企業スローガンです。場合によってはチームごとに案件に沿ったキャッチワードを作成し、全員が意図を共有してプロジェクトを推し進めるということもあるでしょう。

こう考えると、チームスローガンを決めることが相当に難しく、手間のかかる作業であることは容易に想像できます。

個性的で癖のあるメンバーを含めたチーム全員が共感し、結果に結びつく可能性を高める言葉を選ぶことは、聞こえのいいフレーズをネットから拾ってくることとは違います。メンバーの価値やプロジェクトの重要性を理解し、もっとも心に響く言葉を選ぶための深い見識が求められます。

このように、ワンワードや短いセンテンスには時に大きな意味と力が込められています。優れたコピーは、わずかな言葉で顧客の心をつかみますし、企業のブランド価値を瞬時に世界へ伝えます。いわゆる「刺《さ》さる言葉」というやつです。

タワーレコードの「NO MUSIC, NO LIFE.」という企業理念が素晴らしいのは、音楽が生活に不可欠だという普遍的なメッセージがシンプルな構文に込められていて、音楽を愛する人たちの琴線《きんせん》に触れるからです。

同様に、「一期一会《いちごいちえ》」「洗心《せんしん》」「日々是好日《にちにちこれこうじつ》」といった禅語も、簡素な言葉に奥深い智慧《ちえ》や教訓が込められており、毎日を忙しく生きる現代人に大切な気づきを与え、心を調《ととの》えてくれます。

皆さんもお寺に行ったとき、靴を脱ぐ場所に「看脚下《かんきやっか》」と書かれた紙が貼ってあるのを見たことがあると思いますが、あれも禅語のひとつです。

「きゃっかを見よ」すなわち「足元を見つめなおす」を意味します。人生において立ち止まって足元を見直し、基本に立ち返ることの大切さが、わずか3文字で説かれているわけです。

これとは逆に、たった1語の言葉、あるいは短いフレーズを伝えるために、ひとつの長い文章を書く方法もあります。作家の山本周五郎《やまもとしゅうごろう》がそれをしたひとりです。

文芸評論家の清原康正《きよはらやすまさ》氏によると、周五郎は時にただ1行を伝えるがために、1編の小説を構想したのだそうです。

昭和30年に発表した『かあちゃん』は、女手ひとつで5人の子どもを育てた「かあちゃん」ことお勝の言葉、すなわち子を想う親の情愛を表したわずか3行の台詞《せりふ》を伝えたいがために、ひとつの短編小説として書き上げたといいます。

「刺さる言葉」は人の心の砦《とりで》となり、これからの人生を支える柱となってくれます。どんなに短くても人の意識や行動を変える力を持つのが言葉であり、ひいては組織や社会全体にまで影響を与えるのです。

第2章

言語化力を高める基本的習慣

大喜利とプレゼンの共通点

私はテレビのお笑い番組が好きでよく観るのですが、いわゆる「大喜利」における芸人さんのパフォーマンスとビジネスパーソンの言語化力には、共通点が多いと思っています。

どちらも「独自の視点」を「限られた時間」の中でアウトプットすることが必要ですし、聴く側の関心を引きつける「話し方」のスキルも求められます。

大喜利は短いセンテンスの中でピンポイントに「言葉選び」をしますが、これはプレゼンなどの場で印象深い言葉を効果的に打ち出し、説得性を高める行為にも通じます。さらに高段者になれば、会話にユーモアを交え、リラックスした空気の中で商談を進めることになるでしょう。

もっとも、笑いのスキルについては、一般人が迂闊《うかつ》に手を出すと〝事故〟にも繋がるので、よほど自信がある人以外はプロの真似をしないほうがいいかもしれません。

いずれにせよ、この2つには大きな共通点があるということです。

実際、芸人さんが番組企画などでパネルを使ってプレゼンをすると実に見事にこなしますし、言語化力が高いビジネスパーソンの中には、大喜利をやってみても上手だったという人も多いのではないかと思います。

「〜といえば」で繋げる連想力

お題に対して瞬時におもしろい答えを導き出せる人は、目の前のフレッシュな言葉と脳内の記憶のパーツをうまく結びつける連想力に長《た》けています。

Aという情報を提供されたら、関連する別の情報BやCを瞬時に思い浮かべ、Aと結びつけて別の形に転換することができるのです。こういう人は問題が発生してもクリエイティブな思考で取り組むことができますし、発想が多面的なのでアイデアも総じて斬新かつユニークです。

要は「●●といえば□□」という考え方が習慣として身についているため、自分の中にある引っかかるものを、きっかけを合図に取り出すことに慣れているのです。

どんなワードを提示されても「〜といえば」の流れで延々と繋げていける、いわば「といえば力《りよく》」を身につける課題を、私は大学の授業で学生にやってもらうことがあります。3人1組くらいのチームを作ってもらい、「●●といえば□□」という連想形式で順番に、前の人の言葉を受けて言葉を繋いでいくのです。制限時間も5秒ほどに短く設定し、あくまで瞬間的に答えを導く練習として行ないます。

たとえば「アインシュタインといえば相対性理論《そうたいせいりろん》」→「相対性理論といえばブラックホール」というように短時間で繋げていくわけです。ポイントはこじつけでもいいので、とにかく「繋げる」こと。「浮かばないからテーマを変えるね」と流れを切ってしまうのはアウトです。

単語の連想だけでなく、20秒ほどの話で繋げていくこともあります。前の人の話の中からひとつ言葉を取り上げて、「〜といえば」で自分のエピソードを話します。5周ほどすると慣れてくれました。

こうした練習を飽きることなく繰り返していくと、やがてどんな無茶ぶりをされても、大概の言葉は別の言葉や表現に置き換えられるようになってきます。

国語力の基本は「考える力」と「伝える力」、そして「いい換える力」に大別されると既に述べました。いい換えとは、ある言葉と別の言葉を比較して瞬時に置き換えることであり、語彙力が十分でないとできません。こうした力を養うための練習なのです。

そしておもしろいのは、連想形式で繋げていくと、バラバラに存在していた点の情報が線となり面となり、厚みを増して体系的な知識としてまとまっていきます。

私は過去にこの発想で大人向けの図鑑（『齋藤孝の大人の教養図鑑』［講談社］）を作ったことがあります。いわゆる「図鑑」でありながら、トピックの選択と並びはあくまで「〜といえば」の法則で構成されています。

たとえば「ダーウィン」といえば「進化論」、進化論は教会の教えと対立していたことから、教会との対立といえば「ガリレオ・ガリレイ」という発想です。順序とすれば「ダーウィン」→「進化論」→「ガリレオ・ガリレイ」→「コペルニクス」→「ケプラー」といったようにページが進んでいきます。

まだこのあたりまでは、流れも自然で秩序立っているのですが、後半になっていくと「レーニン」→「ペレストロイカ」→「ベルリンの壁」→「進撃の巨人」→「わが子を食らうサトゥルヌス」と、私自身も予想しなかった方向へ繋がっていきました。

そして、この予期せぬ繋がりを知ることこそが、知識と言語化力を高めるうえでとても大切なことなのです。

情報とは、それだけを単体で記憶しても「雑学」でしかない場合が多いですが、このように連続した形で他の情報と繋ぎ合わせ、集合知として体系化することで「教養」へと昇華します。

私自身もこれまでの人生で様々な経験を経ながら、新しい知識や価値観に触れるたびに、情報が地層のように重なり、頭と心が耕《たがや》されていくように感じてきました。知識が立体化して豊かに膨らんでいくような感覚です。

知の深みや広がりを自分の中で感じ、そのうえで言葉を会話や文章で紡いでいくことで、私たちの言語化力は高められていくのです。

連想力でビジネスチャンスをつかむ

言葉を別の言葉に繋げることが得意な人は、発想力そのものを無限に広げていける人でもあります。

たとえば、「地球温暖化が今後も進む」が起点であれば、「夏が長くなり秋が短くなる」→「秋服が売れなくなる」→「アパレル業界の戦略が根本から変わる」→「繊維メーカーが生産ラインの大幅な調整」といったように延々と繋げていくことができるはずです。

あるいは、「秋がなくなる」→「お月見やお彼岸の風情が変わる」→「日本の文化が変わっていく」といったベクトルに連想力を働かせる人もいるでしょう。これが時に、新しいビジネスモデルの創成へ繋がっていくことにもなるわけです。

私の知り合いにもうすぐ還暦を迎えるという人がおり、彼は大学時代に「インターネット」という存在をはじめて知ったそうなのですが、「世界中のコンピュータを電話回線で結ぶことの何がそこまで革命的にスゴいんだろう」「ワープロの進化系みたいなものだろうか」としか思えなかったそうです。

一方、実業家の堀江《ほりえ》貴文《たかふみ》氏は、それを知ったときに「1000年に1度のビジネスチャンスが来た」と直感したといいます。まったく新しいインフラが世界を網羅《もうら》する形で誕生することで、どのような可能性が考えられるか、その道筋が次々に連想できていたということなのでしょう。

会話における文脈力

このように発想や概念を連想して繋げていく「連想力」もしくは「といえば力」に長けている人は、言葉を繋げるだけでなく、会話と会話、テーマとテーマを結びつけることも上手にこなします。

たとえば、AさんとBさんが自分の目の前で会話をしているとき、2人の話の内容を引き受けながら、「なるほどね。そういう意味でいえば……」といったように、会話を邪魔することなく流れにスムーズに乗っかっていくことができます。

2人が何にポイントを置いて話しているのか、そのポイントに対して「〜といえば」で繋がるものは何か、それがこの場に適した内容なのかを短い時間で判断し、タイミングを見て「よし、今だ」とカットインします。

たとえば、Aさんがパリへ行った話をし、それに対してBさんが都内のフランス料理店へ行った話をしていたら、そこに重なるような、自分ならではの視点のネタを思い起こし、会話に加わっていくわけです。

車の運転でいえば、一般道から高速道路の本線に合流するような感覚でしょうか。他の車が時速80㎞で走っているところに、自分だけ50㎞で入ろうとしても危険です。流れを読みながらちょうどよく加速し、タイミングを見計らって入っていくのです。

流れを読めていない人がこれをやろうとすると、たとえば2人が温泉旅行の話をしているところに、「ふぅん、全然関係ないんだけど、こないだ映画を観に行ってさ」と無理やり無関係なネタをねじ込んでしまうことになります。これではただ会話を邪魔して相手を不快にさせるだけです。

会話も文章と同じで文脈というものがあり、これを読み取るのはコミュニケーションにおける基本中の基本です。仮にそのスキルを「文脈力」とするならば、その力は文章よりむしろ、会話の場合のほうが重要な意味を持つことが多いのです。

日常会話では、概して文書よりも話の内容が散らかりがちです。それだけに、場面に応じて流れを読む、すなわち文脈力を発揮できる人が、コミュニケーション力も言語化力も高いということになるわけです。

食レポで言語化力を磨く

いわゆる「食レポ」とは、テレビのロケ番組などでレポーターやタレントさんが料理を食べ、味の感想を即興で述べる一連の行為です。私も時々テレビでやります。先述したとおり、国語力の基本は考える力と伝える力、そしていい換える力ですが、食レポはその力がいかんなく発揮される場です。

人生で一度も食べたことがない料理の味を、口に入れた直後の数秒後に言語化するという作業は、喋りのプロであるタレントさんでも簡単ではありません。

「うめー！　これ、マジでウマいです」だけでは伝わりません。現実に、語彙力がないせいか、ひたすら大声で同じフレーズを繰り返しているような人もいます。

重要なのは、限られた時間内で話し終えること。内容はさておき、時間をオーバーすると番組のコーナー自体が成立しません。そのうえで、伝わりやすい言葉を選び、できれば自分ならではの視点を入れておきたいものです。

つまりは①コンパクトに、②わかりやすく、③自分の視点――。こう考えると、ビジネスシーンにおけるプレゼンと食レポは、基本的なフレームは変わりません。もっとも、食レポもプレゼンの一種であると考えれば当然ではありますが。

短い時間で明瞭に、かつ自分の視点で10秒で。言語化力が高くて仕事もできるビジネスパーソンであれば、食レポも難なくこなせるのではないでしょうか。

わかりやすいアウトプットの型

食レポに関してはいろいろなタレントさんが独自の方法で展開されていますので、フォーマットも様々かと思います。とはいえ、ビジネスシーンにおけるアウトプットの基本がそうであるように、もっとも大事なこと、すなわち「おいしい！」「うまいっ」という結論から先に伝えることはひとつの基準となるでしょう。

そのうえで、具体的な情報をおおよそ3つ程度のキーワードで表現すると、どんな感想であってもそれなりにまとまります。

たとえば、都内で人気がある豚骨ラーメンであれば、まず結論として肯定的に「んっ、うまい」。続いて①麺のコシ、②スープの味、③特徴的なトッピングの感想。そして最後に「実は私、九州は博多の出身なんですけど、これなら地元でも売れますよ」と独自視点の感想で締める。これを10秒くらいで終わらせることができれば、形にはなったといえるでしょう。

理想としては、3つのワードのうち最低でもひとつは印象に残るフレーズになると、それがキャッチコピーのように聞く側の心に残りやすくなります。

プレゼンスキルを磨く練習

食レポがプレゼンの一種であるということは、当然ながら国語力が問われます。母語である日本語に習熟できていなければ「柔らかい」「ぷりっぷり」「やばぁい」を永遠にいい続けるしかありません。

逆に、言語化力が高い人は同じ料理でも別の言葉に置き換えて、様々な表現ができるはずです。たとえば、まったく同じ煮物料理を食べて、それを何パターンの表現でいい分けられるか練習してみるのもいいでしょう。ここでは試しに5つ、例を挙げてみました。

①食感系「この煮物、口に入れた途端にホロッとくずれたよ。絶品だな」
②味覚系「だしの旨みがしっかりと染み込んでる。口の中でずっとおいしい」
③感覚系「うわ、この煮物……ひと口食べると心まで温まる。癒されるね」
④素材系「素材の持ち味が生きているね。新鮮だから風味が違うよ」
⑤総合系「食感が楽しい！　味わいも上品。仕事が丁寧だよね」

このように、視点となるポイントをいろいろ変えると、そこに紐づいてくる言葉も必然として変わってきます。結果、文章の仕上がりも自《おの》ずと違う形になるのです。

食レポがプレゼンの一種であり、求められる基本的なスキルが共通するなら、世のビジネスパーソンは明日から早速この練習を近所の定食屋さんでやってみてください。煮物を食べながら言語化力が高まり、仕事にも役立つのであれば、これほど楽しいトレーニングはないでしょう。

思考と言語化の同時進行

講演や大きなプレゼンなど、予定が事前に決まっているときは、原稿を用意し、それを読み込むなどの事前準備をする場合が多いと思います。頭の中で「ここから話そう、それに絡めて次にこのエピソードを……」といったように、ある程度のロードマップを敷いたうえでそれに沿って話すのが一般的で、正しい方法です。

それに対して、食レポのようにその場の状況に応じた言語化が求められる場面もあります。考える前にとにかく話しはじめてしまうという、いわば「思考」と「説明」をほぼ同時進行させるのが、言語化力を高めるのに効果的なトレーニングです。

思考は身体の内部で行なうものですが、説明は外部へ向けた行為です。これを一体的にやってしまうわけです。

このスピード感に頭と口が慣れてくると、本番のプレゼンや商談の場ではかなりの余裕を持って挑めるはずです。普段の練習で球速130㎞の球を投げられる人は、本番の試合で90㎞を投げるのが苦にならないでしょう。

言葉を的確に選びながら淀みなく話せるようになりますので、周囲からの評価が上がるのはもちろん、個人としての自信も大きく向上します。

まだ考えがまとまっていないのに口に出すということは、話しているうちに辻褄《つじつま》が合わなくなることも当然あります。そんなときもなんとか別のいいまわしをして軌道修正し、無理やりにでも会話の流れを作りながら、とにかく喋り続けましょう。

瞬時に適切な言葉を選べるということは、情報を整理して要点を絞り込むスキルが高いだけでなく、何より正しい日本語の文法が染みついているということです。結局は国語力が重要という結論に至るわけです。

「第三者目線」を取り入れるトレーニング

このための練習としては、できればグループワークの形でディベートを繰り返すのがいいのですが、日常生活でそういった機会はなかなかありません。ディベートの上達法については後ほど触れるとして、ここでは別の方法を考えてみましょう。

たとえば、電車の中吊り広告に「春の新緑を楽しむおすすめの旅！」といった文字が目に入ったら、即座に「旅の思い出」というテーマを設定し、これを頭の中で即興スピーチに素早くまとめてみるのです。

自分が旅行好きであるかどうかは関係ありません。得意分野なら誰だって話せますが、むしろ馴染みの薄いテーマを即興で話せるからこその言語化力です。

実際、ディベートの練習とは、普段は自分が否定している立場にまわってでも正当性を論理で立証する訓練です。立場に応じた〝正義〟を視点を変えて論証するには、何よりも思考の柔軟性が求められます。アニメにまったく関心がない人が「日本のアニメはなぜ世界的に人気なのか」を社会学的に、即興でわかりやすく話せるのであれば、その人の言語化力は間違いなく高いはずです。

別の練習法としては、自分が即興で話している声を録音し、これを他人になったつもりで聞き返してみて、不自然なところを見つけたり、あるいは友人に聞いてもらって感想をフィードバックしてもらったりするのもいいでしょう。

なにしろ自分を評価するのは自分ではなく他人ですから、第三者の視点を使うのは、かなり効果があります。

国民的司会者で日本を代表するアナウンサーである徳光《とくみつ》和夫《かずお》さんは、新人時代に通勤電車の車窓から見える景色を、頭の中でひたすら実況するという練習を繰り返したといいます。

これは会社勤めをしている一般の方が今すぐはじめられる練習です。最初からプロのアナウンサーのように上手にやる必要はなく、最初はぎこちなくても、とにかく目に入るものを言葉に出していくところからはじめましょう。

天気が晴れていたら「空が青い」「雲が白い」でもいいのです。慣れるうちにそれらのパーツを繋いで「ご覧ください。本日も青空と白い雲から、春の訪れを感じるわけでございます」といった、短いながらもスピーチらしい言葉になってきます。「ご覧ください」と口を動かすコンマ数秒の間に、頭の中では「次に『空』と『雲』を繋げていって……」と思考を働かせるわけです。

やがてこのスタイルが自分の「型」や「フォーマット」として身につき、別の場面でも即興でスラッと口をついて出てくるようになるでしょう。

メタ認知能力と言語化力

このように、思考と会話をほぼ同時に進められ、会話内容にも矛盾がないのは、いわゆるメタ認知能力が高い人とされます。メタ認知能力は、人が自分の思考や行動を客観的に捉え、自覚的に処理する力を指す脳科学の概念です。視野《しや》狭窄《きようさく》にならず、俯瞰《ふかん》してものごとを捉えることができるため、常に大局から見た冷静かつ客観性の高い思考を保つことができます。

文部科学省の学習指導要領でも、言語感覚や思考力を高めることは教科の壁を越えたすべての学習の基盤であるとし、そのためには小学生段階からメタ認知能力を育成することが重要であるとしています。また、メタ認知能力に基づいて自己を客観的に捉えて言語化することを「メタ言語活動」として定義し、「メタ思考」と「言語化」は不可分なものとして、教育の大きな柱に位置づけられています。

人は即興で話をしているとき、このメタ思考をフルに働かせ、自分の会話をもうひとりの自分が観察するように客観視しながら、コンマ数秒レベルで会話を調整していることになります。

漫画『サザエさん』（長谷川町子《はせがわまちこ》作）の主人公サザエさんがドラ猫に魚を盗《と》られてしまい、靴も履かずに外へ飛び出している状態というのは、おそらくメタ思考が働いていないと考えられます。

メタ認知能力が高い人であれば、自分や猫、魚などの関係性を俯瞰して捉え、大局的な視点から「いきなり玄関を飛び出したら車に轢《ひ》かれる危険がある」「ご近所からどう見られるか」「魚を猫から取り返すのは現実的に難しい」「代替《だいたい》となるおかずは」などを瞬時に思い巡らせることができるはずです。

だからといって、サザエさんの言語化力が低いとまではいいませんが、一般的にはメタ思考と言語化力はどちらも物事の本質を俯瞰して捉え、自身を客観視する能力として関連しているとされています。

このように、目の前にある「今」に固執してしまい、次に来る出来事の予測ができないと、言語活動においても事故やトラブルを起こしがちです。

たとえば、自分が話している内容を客観視しながら「さっきの言葉、ハラスメントにはならないよな」「相手の反応が良くないのでテーマを変えてみるか」といったように、進行を読みながら思考することが理想です。

しかし、「今」しか見えていないとそれができません。不用意にＮＧワードを連発したり、誰も聴いていないのにそれに気づかず、同じ調子でだらだらと話し続けたりしてしまいます。

しかも、メタ認知能力が高くないという根本原因を抱えているため、原因に気づくことができず、別の場でもその行為を繰り返します。

コンプライアンスが重視される現代のビジネス社会では、会話と同時進行でチェック機能も働かせるメタ認知能力と、それに紐づいた高い言語化力が今まで以上に求められます。

このメタ思考は、論理的な思考や言語化力を担保する感情のコントロールにも大きく影響すると考えられていますが、これについては第３章で触れたいと思います。

文章のように話す練習

思考と説明を矛盾なく同時に進行できる言語化力の大切さについてお話をしてきま

した。これは別の見方をすると「話し言葉がそのまま正しい文章になっている」ということになります。

私たちが日頃、雑誌などで目にするインタビュー記事は、録音された会話を編集者が文字に起こし、わかりやすい文章として再構成するのが基本です。人によってほとんどそのまま使える場合もあれば、編集サイドが大幅に会話を補正したり、場合によっては会話を一から作っていくケースもあるといいます。

わかりやすい例では、居酒屋などで5人くらいで話している内容を録音し、そのまま忠実に文字に起こしたら、かなり散らばった言葉の集まりになるはずです。たとえばこんな調子です。

「いやぁ、ウチの社もいよいよだね。なんか海外で、あっちこっちいろいろと。タイの会社に提供するんだっけ？　あと、ベトナムの工場とかも。中国の人件費がずっと上がってたからね、前からそういう話はあったじゃん、分けないとって。あぁ、タイ？　あれは結局、ほら、特許がお金になるんで」

頭に浮かんだ言葉をとりあえず口に出しているので、主語述語の関係が曖昧だったり、順序が入れ替わったり、何より結論がわかりにくい会話になっています。

もちろん、飲み屋での会話なのでこれはこれでいいのですが、練習のためにもう少し文章化した会話を意識して、たとえば次のようにしてもいいでしょう。

「わが社もいよいよ新たなアジア展開をはじめたね。まずは部品メーカーがベトナムに新工場を作って量産体制を敷くらしい。あと、タイの合弁会社にも技術提供するようだね。それによって特許権のロイヤリティで収益拠点が新たに生まれるからね。結局、最大の要因は中国の人件費高騰なんだよね。それで利益もずっと圧縮されてたし。拠点の分散化が必要だという話は前からあったしね」

ここまでくると、あとほんの少し修正するだけで新聞記事のような文章にまとめることができます。

音声入力機能を使ったトレーニング

文章のように自然と話せる習慣を身につけるには、先にご紹介した徳光さん流の実況アナ方式でもいいですし、最近ではＡＩの音声入力機能というものがあります。

これは、人が口から出す音をＡＩが言葉に変換してテキストデータ化する機能で、キーボードより速く打つことができて便利です。機能そのものは以前から存在したのですが、精度が必ずしも十分ではありませんでした。

しかし、最近のものは業務ツールとして十分に耐えられるレベルで、使ってみるとわかりますが、かなり正確に文字化してくれます。Googleなら「ドキュメント」機能のツールに「音声入力」がありますので、料金もかかりません。

「。」は「まる」、「、」は「とうてん」と声に出すと、おおむね正しく反応してくれますし（必ずではありませんが）、「かいぎょう」といえば改行もしてくれます。

要は、これを使って原稿を使わずにフリーハンドで話してみることで、自分の言葉が文章としてどの程度の精度を保っているかが可視化されるわけです。こちらも手軽にできる練習ですので、試してみましょう。

文章は箇条書きから

「書くように話す」練習をご紹介しましたが、ここで改めて「書く」ということに注目してみましょう。文化庁の令和3年度「国語に関する世論調査」によれば、現代人の約4割の人が「文章の書き方について関心がある」と答えています。その一方で、公益財団法人 日本漢字能力検定協会が令和4年に行なった調査によると、上司の約85％が部下の文章にストレスを感じていることがわかっています。

文章を書くのが苦手という人は、最初から長い文章に取り組むのではなく、まず短いセンテンスをいくつか作り、これを上手に繋いでいく作業を繰り返すことで、執筆という作業に慣れていくことができます。

そのためには「箇条書き」を型として身につけておくと、様々な場面で役立ちます。思考を整理して要点を簡潔に抜き出し、誰が見ても一目でわかるようにポイントを羅列して問題全体を可視化するわけです。

最初から長い文章を一気に書けなくても、短いトピックを並べてそれを繋げていくと、トピックの選び方さえ間違っていなければ、それなりに文章として成立します。

あとはできあがった文章の接続詞を見直したり、必要に応じて順番を入れ替えたり、整合性を考えながら文章を整えていくというのが流れです。これを繰り返すことで、原稿用紙10枚くらいはさほどストレスなく書けるようになるでしょう。

「箇条書きと作文」にまつわる私の小学生時代の思い出があります。夏休みに家族で山あいの温泉に遊びに行きました。そのときの体験を宿題の作文ネタに使おうと考えていた私は、愛用のメモ帳を祖母の家に持って行き、「行く途中で○○を見た」「珍しい料理を食べた」「温泉がぬるぬるで楽しかった」など、トピックとなる出来事を箇条書きで、日付とともに時系列で記しました。後からこれをうまく繋いで、必要な枚数の文章にまとめようと考えたわけです。

このプランは基本的にうまく進み、箇条書きの〝取材メモ〟はそれなりに充実していきました。ところが、あろうことか最後の最後、そのメモ帳を祖母の家に忘れてきてしまったのです。プロの新聞記者であれば、命より大事な取材メモを紛失したという大きな事件です。

結局どうしたかというと、電話で祖母に頼み、忘れてきたメモ帳を探し出してもらい、そこに書いてある箇条書きを読み上げてもらって、こちらはそれを受話器から聞いて再度メモ。そして作文は無事に完成。最終的に、箇条書きメモ作戦は成功裏に終わったのでした。

小学生が鉛筆で紙に書いた文字も、アナログながら立派なテキストデータです。祖母の家という遠隔地から電話回線でデータ転送し、それを再構成して作文というコンテンツにまとめあげたことになります。

箇条書きで情報を整理する

箇条書きの構造とその効果についてもう少し考えてみましょう。たとえば、次のようなメール文があるとします。

「最近、近くのお店でバイトをはじめたんだけど、大変なことばっか。お客さんはうるさいのがいるし、店長も機嫌がいいときと悪いときがあるしね。まぁ、金はそんなに悪くないし、家からも遠くないしね。自転車で10分くらい。こないだその自転車も盗まれそうになってさ。とにかく今月は金欠で大変だよ。この国の政治はどうなってんのかね。まかないが出るんでメシ代は1食浮くよ」

友人同士の雑談メールですので、話があちこちに飛んで雑然となっているのは無理もありません。では、これをあえて箇条書きにしてみましょう。ここでは次のとおり３つのカテゴリーに分類しました。

①バイトの状況
・最近はじめたバイトで大変なことが多い
・うるさいお客さんがいる
・店長の機嫌が安定しない

②バイト先の利点
・時給はそれほど悪くない
・店と自宅の距離が近い
・まかないが出るので食費が浮く

③生活の近況
・今月は金欠で困っている
・自転車が盗まれそうになった

・世の中への不満もそれなりにある

このように箇条書きにすると情報が整理され、読む側は理解がしやすくなります。もちろん、日常のメールを常にこのスタイルでまとめるべきということではありません。あくまで箇条書きの構造をここで再認識していただきたいのです。

箇条書きの極致——宮本武蔵の自誓書

箇条書きは企画書や報告書、メールなど、あらゆるビジネスシーンで有効に活用できます。少ない文字で多くの情報、深みのある思想や概念までを伝えられるという意味では、文字コミュニケーションの王道といえるでしょう。

1冊の書物になるような深淵なる思想や概念も、要点を引き抜いて箇条書きにすることで読み手の理解は格段に早まります。剣豪の宮本武蔵《みやもとむさし》は晩年、死を前にして自身の生き方を21か条の『独行道《どっこうどう》』にまとめました。

私は高校時代、武蔵に心酔した時期があり、書に記された言葉を自身への金言《きんげん》として胸に刻み、心を打ち震わせたものです。冒頭の一部だけ抜粋します。

一、世々の道をそむく事なし
一、身にたのしみをたくまず
一、よろずに依枯《えこ》の心なし

まごうことなき箇条書きの典型です。仮にこれを現代語に置き換えれば、「世の中で生きていくうえではルールに背《そむ》いてはならないと思う。なぜなら……だと思うからだ。それから、我が身の楽しみだけを追い求めるというのも良くないことだ。なぜなら人はコミュニティの中で生きており、周囲の幸せがあってこそ……」といった連続した文章として表せます。一方で武蔵のように、無駄をそぎ落とした箇条書きにする方法もあるわけです。

こうしてみると、小学生の作文メモから武蔵の自誓書《じせいしょ》に至るまで、文章表現はある意味で箇条書きにはじまり、箇条書きで終わるといっても過言ではありません。

頭のいい人はメモを取る

箇条書きで情報を整理する力を高めるには、簡単なところでは日常の中でメモする行為を習慣化していくといいでしょう。いわゆるメモ魔になることです。

何かあったらとにかくメモる癖をつけてしまうこと。私も先述のとおり、小学生の頃からメモを取る癖がついており、今も赤・青・緑の3色ボールペンと紙がないと仕事にならない人間です。

メモを取っている段階で情報は紙の上だけでなく頭の中でも整理・分類されますし、書いた文字を視覚的に捉えることで記憶の定着も高まります。簡単で当たり前のように思えますが、現実にはそれをしない人がとても多いのです。

メモを取るというのは、第三者の言葉からポイントを抽出する作業です。当然ながら、メモをすれば忘れることがありません。忘れないということは漏れがなくなるということです。

また、メモをすることで問題も整理されていきますので、話の内容が構造化され、優先順位も間違わなくなります。

ポイントが5つあったら漏れなく押さえ、大事な順から並べるという作業は、ビジネスシーンにおける基本中の基本です。これにより思考の論理性も言語化力も高まるのです。

また、メモをするという行為は、話している側に安心と信頼を与えます。先ほどのインタビューの例もそうですが、授業や研修でメモを取っていない学生を見ると、こちらは「大丈夫かな」と心配になります。就職してからもその調子だと、社会人としては必ず苦労することになるでしょう。

ある大手企業の経営者からお聞きしたのですが、その方の実感では仕事ができて役職が高い人ほどメモ魔が多く、若手や中堅の社員ほどメモを取らなかったり、取っても見返す習慣がなかったりするのだそうです。

また、メモは「その場でする」のが基本中の基本です。「いいアイデアが浮かんだぞ。後でメモしよう」ではなく、今するのです。当たり前のように聞こえますが、これも実際にできていない人が意外に多いのではないでしょうか。

松尾芭蕉《まつおばしょう》の弟子である服部土芳《はっとりとほう》は、芭蕉の教えを『三冊子《さんぞうし》』という書物にまとめましたが、そこには「物の見えたる光、いまだ心に消えざる中《うち》にいひとむべし」と書かれています。光とは心象に芽生えたひらめきであり、その光が心から消えてしまわないうちに、きちんと言葉にして残しておくということです。

自分流メモ術を身につける

メモというのは取り方にもコツがあり、上手な人は自分流の取り方が身についていますが、慣れていない人は大事なポイントが抜け落ちていたり、書き方が乱雑過ぎて後で何を書いたかわからなくなったりします。後で自分が理解できるような規則性を保って整理しておくことが必須です。

たとえば、先ほどの小学生時代の私の話で考えると、現地の温泉施設へ行ったのなら「温泉」と書いておきます。できれば①タイトル、②時間情報、③内容、くらいのセットにしておくと、後で見返したときによりクリアに思い出せます。慣れてきたら項目を変えたり増やしたりしてもいいでしょう。その意味では、ものすごく小さな報告書や復命書《ふくめいしょ》を作るような作業かもしれません。

人によってはフレームワークの基本である「5W1H（When［いつ］・Where［どこで］・Who［誰が］・What［何を］・Why［なぜ］・How［どのように］）」式にメモすることもありますが、多すぎるなら「3W（When・Who・What）」でもいいでしょう。

私の場合は必ず3色ボールペンで色分けし、視覚で情報を分別しながら脳に刻み込むということをしています。一番しっくりくる自分流のメモのやり方があるはずです。

起業家の前田《まえだ》裕二《ゆうじ》氏は著書『メモの魔力』（幻冬舎）の中で、メモを「第2の脳」として活用すべきと述べています。言語化力を高めて、よりデキる社員になるために、今日からメモを習慣化してほしいと思います。

具体⇕抽象を行き来する思考プロセス

普段あまり意識されていませんが、私たちの思考には「具体的な思考」と「抽象的な思考」の2つがあり、この両方を言葉を介して行ったり来たり往復するというプロセスを踏んでいます。この往復を柔軟にできる人が一般に頭が良いといわれる人で、言語化力の高い人ということになります。

「具体」と「抽象」とはどういうことでしょうか。たとえば玩具メーカーが子ども向けの新商品を企画しているとします。組み立て式のおもちゃが人気らしいので、その線で案を出し合うことになり、結果として「合金ロボット」「昆虫キット」「組み立てビルディング」の3つに絞り込まれて販売が決定しました（図3）。

この場合、「抽象」にあたるのが組み立て式のおもちゃで、「具体」がそれぞれの商品です。組み立て式のおもちゃというフワッとした「抽象」のイメージから、ロボットや昆虫という「具体」としての商品が導かれたということになります。

これと逆の流れ、すなわち具体から抽象という方向で思考が進むこともあります。たとえば、他社が最近、大ヒット商品をいくつか出したのですが、それがなぜ売れているのかが分析できません。企画チーム全員で意見を出し合った結果、共通するポイントが組み立て式にあるのでは、と気づきました。

パーツの組み方次第でカスタマイズでき、分解すれば再び組み立てる楽しさを味わえる。さらに子どもの創造性が養えるので親世代からも人気。であれば、同じ領域の玩具を自社もシリーズ化すれば継続して利益を生み出せるのではないか——。結果、

図3　具体と抽象のイメージ

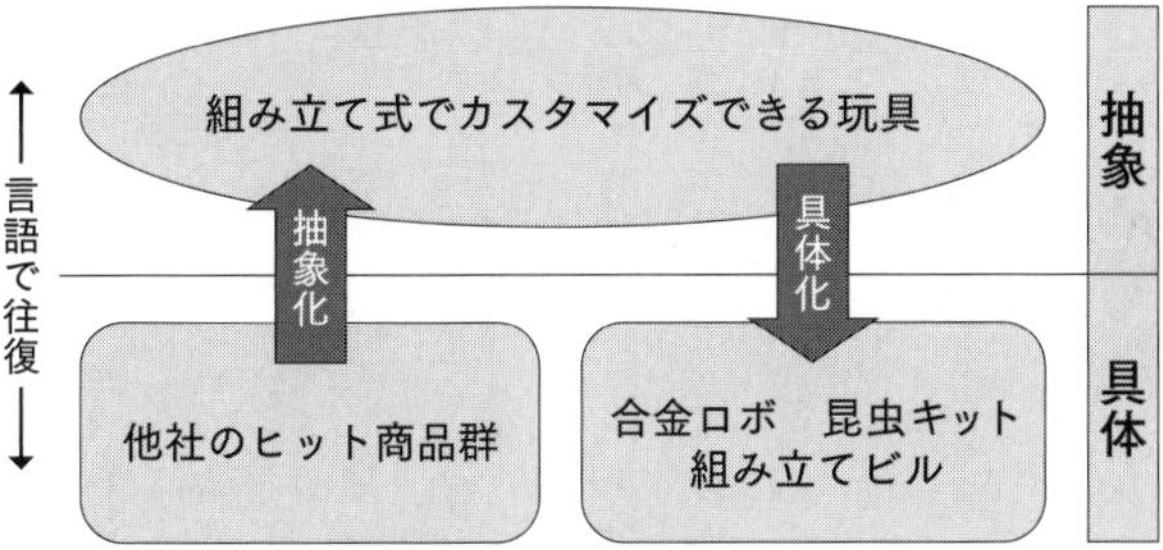

生まれたのが先述の3つの商品ということになります。

この場合、既に存在する具体的なモノがどんな領域に属しているのかをつきとめる、すなわち具体を言語で抽象化した結果、「組み立てや分解で楽しめる」というイメージにたどり着いたということです。

重要なのは、この具体と抽象を繋いでいるのが言語であるということ。たとえばこの例では、玩具メーカーの企画会議で社員たちが言語で意味を考察し続けたり、頭の中で言葉で考えたりした結果、既存のヒット商品（具体）と組み立て式（抽象）を結びつけることができたのです。

具体と抽象を使いこなすための言語化力

このように、日々の思考の中で具体と抽象の両方をうまく使いこなすことができれば、世の中で起きている個々の事象を深層まで理解することができます。

たとえば、何か特殊な事件（具体）が続いて起きていれば、その背景にある社会的な構造（抽象）を頭に描くことができますし、反対に、一般的な原理（抽象）を、誰にでもわかりやすい身近な事例（具体）にたとえて、第三者に平易に説明することもできます。

一方、言語化力が高くない人はこの往復がバランスよくできません。たとえば、居酒屋で若いお客さんのグループが大きな声で飲んでいるようなとき、隣の60代の男性が「うるさいなぁ、若い奴は酒の飲み方を知らないからさ」といったとします。これは、目の前の若者グループを世の中にいる若者全体に一般化してしまい、総ぐるみで「若年層は飲酒マナーが悪い」という抽象の領域で捉えていることになります。

しかし、実際は飲酒マナーが悪い若者ばかりではなく、むしろ中高年世代の飲み方に辟易している20代や30代は少なくない気がします。そう考えれば、この60代男性の

「抽象と具体」の思考は正しくできていないということになるわけです。

「たとえば」「要するに」で思考力を鍛える

具体と抽象の往復をより耳慣れた言葉でいい換えれば、「具体」⇕「抽象」＝「たとえば」⇕「要するに」ということになります。特に小中学生にこの概念を教えるには、こちらのほうがいいでしょう。

子どもの頃からこの思考トレーニングができていると、小学校の低学年でも論理的でわかりやすい話ができるようになり、必然的に国語力も上がっていきます。国語力が上がれば算数や理科の問題を読む力も上がるのです。もちろん、世の中の見方も具体と抽象を往復しながら、深掘りして考察できるようになるでしょう。

練習法とすれば、2人1組で「要するに」側と「たとえば」側に分かれ、交互にお題を出して答えをいい合います。

A「たとえば、夏目漱石、森鷗外、二葉亭四迷《ふたばていしめい》……」

Ｂ「（要するに、）明治の文豪！」

Ａ「ピンポン！」

Ｂ「手《て》塚《づか》治《おさ》虫《む》作品といえば……」

Ａ「たとえば……ブラック・ジャック、火の鳥、鉄腕アトム」

Ｂ「正解！」

これを繰り返すわけです。こうしてみると「要するに」側のほうが簡単そうに見えますが、少し複雑なワードを繰り出されると、瞬時に答えを見つけるのは簡単ではないと思います。たとえばビジネスパーソン同士であればこんなやり取りでもいいでしょう。

Ａ「たとえば、投資信託、社債、外貨建て商品」

Ｂ「（要するに、）経済用語」

Ａ「括りが大きすぎ！　ダメ」

B「えーと、要するに金融商品！」

A「まぁいいでしょう！」

これをある程度繰り返したら今度は役割を交代して、具体と抽象の両方の脳を鍛えていけばいいでしょう。これが完全に身についてくると、会話力も文章力も底上げされ、商談でも雑談でも、相手にうまく伝えられる力が養われます。

以前、私は大学で学生たちに「何か最近あったおもしろい話を10秒でお願い。はい、そっちから順番に」と無茶ぶりして何度かやってもらったことがあるのですが、上手に話せる学生は10秒でも具体と抽象をうまく使いこなします。

「こんな事件があった。それって結局、これの一部なのでした」とか、「ずっとモヤモヤしてたことの答え、それは要するにあれのことだったんです」といったように、具体や抽象をどれほど意識しているかはわかりませんが、彼ら彼女らなりにおもしろくまとめてくれます。

いずれにせよ、具体的思考と抽象的思考の両方をバランスよく往復することで、私たちの思考は磨かれていきます。そして、それには言語化力が求められるということを、ここであらためて理解してください。

「事実」と「意見」を区別できない人

私たちが言語で人に意味を伝える際、注意すべき鉄則のひとつが「事実（ファクト）」と「意見（オピニオン）」を明確に分けることです。ファクトは論証が不要な客観的事実、オピニオンは誰かの主観的な意見もしくは感想です。

特にビジネス系の文書では客観性の担保が必須ですので、主観が混在していると内容の信頼性が損なわれます。

事実と意見の区別ができない文書を作る人物は、上司やクライアントから決して信頼を得られません。それどころか、誤ってその文書が流通してしまえば、自社や取引先に損害を与えてしまうかもしれません。

アゴタ・クリストフの小説『悪童日記《あくどうにっき》』では、双子の兄弟が「事実のみを作文に書く」というルールで互いに文章を書いて採点し合う場面が描かれています。

双子は戦禍の中で祖母の家に預けられるのですが、その祖母というのが街の人たちから「魔女」と陰口を叩かれるほど、今でいうＤＶの権化《ごんげ》のような人物。双子にも辛くあたる毎日です。それでも、双子の作文ルールでは「おばあちゃんは魔女だ」と書いてしまってはダメなのです。ファクトは「魔女である」ことではなく、「魔女と呼ばれている」ことだからです。こうして双子の視点で見る「事実」のみが文章として書かれていき、それらの集積がこの『悪童日記』という１冊を構成しています。

これはあくまで架空の物語ですが、こうした学習を子どものうちから重ねておくことは、論理的な思考と言語化力を養ううえで非常に意味があります。事実と主観の違いがあることをまず意識し、それを峻別《しゅんべつ》できる思考が早いうちから身につきます。

ニュース記事などを読んでいると、「一部の業界関係者たちからは、『今回の件は氷山の一角。あの人物は過去にも同じことを何度か繰り返していた』という声も出ている。もしそうであれば……」といったスタイルの文章をよく見かけます。

場合によっては個人情報を出せないという事情もあるのかもしれませんが、「そんな関係者が実在するのか」「『一部』というのは全体のどの程度なのか」と疑ってみる視点は必要です。記者が、自分の「意見」を架空の関係者に「事実」として喋らせているだけという見方もできるからです。

このように、事実と意見の区別ができていない人の意見は、たとえば次のようになりがちです。先述した「若者の飲酒マナー」を例にしてみましょう。

「とにかく昨今の若い連中の飲酒マナーには困ったものだよ。時代とともにどんどん悪くなっているともいわれているしね。ただ、私が思うに、それもある意味では仕方がないんだ。そもそも我々の時代には、注意をしてくれる先輩たちがいたでしょう。そのおかげで我々含め60代は少なくとも恥ずかしくない飲み方ができているわけでね。で、結局のところ……」

よく読めばわかりますが、「昨今の若い世代の飲酒マナーが悪く、時代とともに悪化している」の部分は、この文章の限りにおいてはファクトではありません。この60代の男性が個人的な意見としてそう考えているだけです。客観的な事実や根拠になり得る情報も示されていません。それにもかかわらず、あたかもファクトであるかのように会話が進み、「60代は総じて飲酒マナーがいい」という、事実かどうかわからない話へ移行していきます。

真偽不確かな意見の上にいくら論理を重ねても意味はありませんので、最後の「で、結局のところ……」以降の話も、何をいおうが説得力を持たないのです。

このように、思い込みだけで話を進めてしまう人は世間でよく見かけますし、スラスラとそういわれてしまうと「確かに。そんな気がする」と流されてしまう人も多いのです。話し手がその過《あやま》ちに気づかねばならないのは当然ですが、聞く側もそこを察知し「ちょっと待って。確かにさっきの子たちはどうかと思うけど、全部がそうなのかな」「むしろ60代や70代のほうが問題あるっていう声も聞かない？」と突っ込んでみる必要があります。矛盾点に気づくのも、ベースになるのは論理性であり言語化力です。

人に指摘するのはともかく、自戒として「意見と事実をごっちゃにして話す癖に気をつけよう」と、主観と客観を区別する必要性を自覚しましょう。行動は思考の習慣から生まれますので、思考から変えなければ過ちは何度でも繰り返されます。

ビジネスの場では事実と意見の峻別を大原則とし、情報の信頼性と説得力を担保しながら、より効果的で健全なコミュニケーションを心がける必要があるのです。

言語化力の足りない人は論点を見失う

事実と意見の峻別が苦手な人は、何が前提で話が進んでいるのか、争点のポイントはどこなのか、そもそも自分はどの視点で発言しているかなどを、流れの中で見失ってしまいます。これはディベート力の基礎が身についていないからです。たとえば次のような会話です。

A「タンパク質を摂《と》ったほうがいいらしい。毎朝、味噌汁を飲むことにしたよ」
B「いや、味噌汁なんかじゃ足りないさ。そんなの全然意味ないよ」
A「そうかなぁ。じゃ、どうすれば……」
B「肉をガッツリ食べろよ。牛とか豚とか」
A「そうか、なるほど。やっぱり肉じゃないとダメか」

Ａ氏がここでいったのは、タンパク質の摂取を日々の暮らしに取り入れていくということです。何も1杯の味噌汁で必要なすべてを満たそうという話ではありません。なのにＢさんは「足りないから意味がない」という「ゼロか１００か」の二極思考で全否定し、それを事実として「肉を大量に食べる」ことを提案しています。

これに対し、本来ならＡさんは「いや、味噌汁は全体の一部の話だよ」「具も入れるしさ」「他にもおかずの魚や卵からも」「そもそもタンパク質には動物性と植物性があってだな」といった具合に矛盾点を突いて反論すべきなのですが、Ｂさんの弾丸トークに飲み込まれて論理のポイントがわからなくなっているのです。

説得力の基礎は「三角ロジック」にあり

論理的思考のトレーニングにもっとも有効とされているのがディベートです。ディベート力を高めるフレームワークはいくつかあり、多くの企業が様々な形で人材育成研修などに導入しています。

それらの基本となるひとつが、一般に「三角ロジック」と呼ばれるものです。客観的事実を根拠にして、自分なりの解釈を加えながら意見を主張するという、簡潔な仕組みながら論理性が担保されたフォーマットです。

その概念は哲学者のスティーヴン・トゥールミンが提唱したものですが、これが後に多くの専門家によりアップロードされ、日本ではこの三角スタイルが広く浸透しています。構造がシンプルで小中学生でも理解しやすく、身近なテーマをお題にした練習も組みやすいため、自治体によっては教育現場に取り入れています。

論理思考トレーニングに関して数多くの著書がある関西国際大学の横山雅彦《よこやままさひこ》教授によると、三角ロジックこそが英語を母語とする人の心の習慣であり、彼らは基本的にこのロジックで日常の思考を行なっているとしています。その三角ロジックはおおむね次のような構造でできています（図4）。

①クレーム（自分の主張、意見、提案）
②データ（意見の信用性を高める客観的事実）
③ワラント（②の事実がなぜ①の主張を立証できるかの説明）

図4　論理の構造

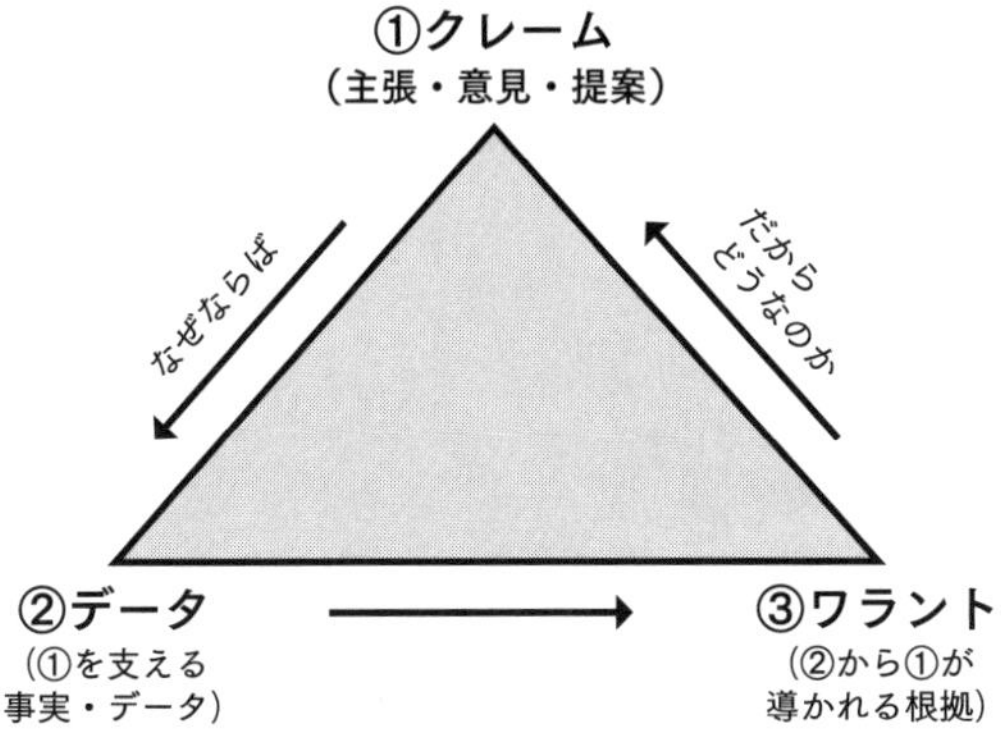

『「超」入門！論理トレーニング』（ちくま新書）の図を基に筆者作成

主張（①）の信頼性を高めるため、裏付けとなる客観的事実（②）を添え、そのうえでなぜこの事実が主張の説得性を高めるかを論理的に説明するというのが流れです。

味噌汁の事例で考えると、

①タンパク質の摂取を補完するために味噌汁を毎朝飲もうと思う（主張）

②成分の大豆にはタンパク質が含まれ、具材の豆腐などにも含まれる（事実）

③1日に必要なタンパク質の○%を味噌汁で補える（根拠・説明）

ゆえに、味噌汁を習慣として飲み続けることはタンパク質の摂取を補う方法として有効である、ということになります。

もちろん、本来のディベートであればさらに複雑なデータの提示や丁寧な説明も求められますが、基本となる構造は同じです。

ここでいう「データ」とは数値データである必要はなく、検証不要な客観的事実を意味します。たとえば、もっと簡単な次のような日常会話にもあてはめることができます。

①睡眠はとにかくたくさんとったほうがいいらしいよね（主張）
②大谷《おおたに》 翔平《しようへい》選手が10時間寝てるっていってたから（事実）
③大谷選手はメジャーリーグ（MLB）で3度目のMVPを受賞するなど成績が素晴らしい（根拠）

ビジネスシーンを想定した別の例で考えてみましょう。

ある社員がSNSを活用した「Aプラン」という新しいマーケティング戦略を次の企画会議で提案しようと考えているとします。この場合、図4でいう①「クレーム」は「マーケティング戦略『Aプラン』を導入すべき」になります。

次に②「データ」では、提案を裏付けるために「直近5年間の市場調査データによるとSNS広告を強化した企業の○%が売上効果を得ている」といった数値をエビデンスとして示します。

最後の③「ワラント」で「年齢層の若い自社のターゲットにSNS広告は直接的なアプローチが図れる。情報のフィードバックも容易で速やかな共有も図れる」という論理的な説明で締めることになります。

これも当然ながら、現実の会議ではこの何倍も精度の高いデータや、多角的な分析が必要となります。あくまで三角ロジックという論証の枠組みを理解するための素材とご理解ください。

このように、三角ロジックはあらゆる会話に役立つフレームワークであり、これを日常生活に取り入れることであなたの会話は自然とロジカルになっていくでしょう。

第3章

心を揺さぶる言語化力

ボディランゲージも大事

ここまで言語化力の基本をお伝えしてきましたが、ここからは言語化したことをより深く、豊かに伝える方法を見ていきます。

私たちの言語と身体感覚は密接に繋がっています。その意味において、ボディランゲージを伴う感情の表現は、相手に自分の意思を伝えるうえでとても重要です。ビジネスシーンでも、自分の心の動きを言語化する能力が求められます。

たとえば、仕事の相談をした相手がメモも取らず、表情に乏《とぼ》しく無反応となれば、仕事をお願いしたいと思わないでしょう。大事なところでは大きめに頷《うなず》いて同意を示すなど、身体の動きで意思と感情を伝えることが必要です。

当たり前に聞こえるかもしれませんが、これが苦手という人は意外にも多いのです。

認知心理学者のダニエル・カーネマンは著書『ファスト&スロー』（早川書房）の中で、人の思考には「速い思考」と「遅い思考」の2つのモードがあり、直感や感情が前者、熟慮や考察が後者だとしています。

たとえば、バスケットボールの試合を観に行って、満員の観衆を目にしたとき「うわっ、人が多い！」「満席だ！」と瞬時に感じるのが速い思考。一方、「日本もバスケットボール文化が定着しつつあるなぁ。その背景には……」といった思いを巡らせるのが遅い思考ということです。

つまり、人は怒ったり悲しんだり喜んだりする表情で、感情を即座に相手に伝えることができるということ。身体を使って気持ちを伝えることが、ビジネスでも私生活でも大切なプロセスになるのです。

政治家が外遊先の会議の場で、ニヤニヤしながら「それは遺憾であります」といっても、国際社会で意図を伝える手段として通用しません。

俳優の竹中直人《たけなかなおと》さんは若手時代、「笑いながら怒る人」という十八番《おはこ》のネタをテレビに出てよくやっていました。表情だけは大笑いしているのに、「ふざけんじゃねぇ、コノヤロー！」と首をゆらゆらさせながら怒鳴り散らすというもので、私もこれを見て大爆笑したものです。

表情や仕草はファストシンキング（速い思考）として相手に伝わりますし、同時に誤った表情はディスコミュニケーションを生むということです。

言語化＋感情で心を動かす

心理学的には、人は相手との共通点が増えるほど親近感や好感を抱く「同調効果」があるといいます。相手が笑えばこちらも笑い、驚いたならこちらも反応するといったように、あまり白々しくならない程度にやってみると、少なくとも「無反応で信用できない人」とは思われないでしょう。

さらに手のしぐさを加えたり、話の肝となるところでは表情や動きに力を入れたりすると、自然で人間らしいコミュニケーションになってきます。初対面での商談が得意でないという人でも、続けるうちに徐々に慣れ、習慣として身につくはずです。

ビジネスシーンで重要なのは、相手が「納得」をすることです。商売の原理をシンプルに捉えると、相手が「全然興味がない」→「興味を持つ」→「吟味する」→「購入する」まで持っていくのが基本的なプロセスです。

とすると、そこには人としての心の動きが求められます。いくら知的にドライにふるまっても、結局のところビジネスに求められるのは感情のゆらめきなのです。そのためには、自分の感情が動いていることが重要です。相手ではなくまず自分です。

その武器となるのが、その人が発する言葉です。必ずしも流暢な営業トークが多くの成約をもたらすのではなく、むしろ朴訥《ぼくとつ》として人柄が伝わるような話し方のほうが、相手の心を惹きつけるということもあります。

言葉は人格や内面を映し出す鏡のようなものです。語彙の選択や使い方、話すテンポや間《ま》の取り方、声の大きさなどは、話す側の人格がそのまま反映され、相手もそれをじっと見ています。それがその相手からの評価となるのです。

「はじめに」で「言葉は単なる伝達手段の記号ではなく、歴史と意味が詰まっている」と述べましたが、人が発する会話も同じです。話し手の生き様や考え方が凝縮されたものが、話し言葉であるということを忘れないでください。

「すごい！」という感動を伝える

言語と感情について、私が教師を目指す学生たちにいつも伝えているのは、「すごい！　すごすぎる！」という感動を持って教えることの重要性です。

たとえば、「三平方《さんへいほう》の定理」を教える際に、その法則をピタゴラスが発見したときの驚きと喜びを持って伝えられる先生こそが、一番素晴らしい教師だと思うのです。今はじめて、まさにこの瞬間にそこに触れたかのような、新鮮で瑞々《みずみず》しい情熱を持って生徒たちに伝えてほしいのです。

地層が長い年月をかけてこんなにも隆起して山になったこと、地球が猛スピードでまわっていること、微分における関数の変化率に気づいたこと、どれもこれも考えれば「すごい！」ことなのです。

このように「すごい！」式のエネルギッシュな学びは、実は学ぶ人の自己肯定感を高めます。というのも、自己肯定はまず自分が存在するこの世界を肯定することからはじまるからです。要は学べることが多いこの世界にはものすごく価値があり、自分の存在もその価値の一部だと自覚することで、自己を承認できる気持ちが飛躍的に高まるということです。

反対に、自分が住む社会に価値なんてないと思っている人は、「自分にも価値がない」「生きていてもしょうがない」という気持ちになってしまうということです。

豊かな言語化に欠かせない「初心」

室町時代に能を大成させた世阿弥《ぜあみ》は、自らの悟りをまとめた『花鏡《かきょう》』に「初心忘るべからず」という言葉を残しました。これを、「スタート時点での一番最初の意気込みをいつまでも忘れない」という意味で理解している人が意外に多いのですが、正しくは「未熟だった自分を忘れない」ということです。「時々《じじ》の初心忘るべからず」という言葉もありますが、「その時々で自分にとっての課題を新鮮な頭で考える」ということです。

入社したてのほやほやの時期、慣れてきた3年目、管理職への昇進時など、それぞれの時期における初心があります。その都度、「初心」の感情を心に留めながら前に進んでいくのです。

哲学者のソクラテスは「驚きこそが哲学、知を愛することである」といいました。驚きや感動というものは、最初のうちは強くあっても次第に消えてしまいがちです。こうした情緒や心情の重要性は、ややもすると言語化を考える過程で忘れられがちですが、常に新鮮な気持ちを持ち続け、それを言葉にすれば、相手の心にしっかりと響くでしょう。

テキパキと話すことばかりに気を取られ、内容の豊かさが欠けてしまうことが、現実の教育現場では意外に多いのです。でも、それだけでは十分ではありません。私は学生に向けて、常にフレッシュな視点を持ち続けられる先生になってほしいといつも伝えているのです。

言葉と感情——共感力を養う

言語と感情の関連については、本を読むという行為においても重要なテーマです。私はよく子どもたちに対し、「絵本を読むときは登場人物になった気持ちで感情を乗せて読んでください」といいます。

主人公の動物やお姫様、あるいは浦島太郎ならウミガメだっていいでしょう。彼らの気持ちになりきることで、その考え方を共有できるのです。

ある俳優さんから「役者の醍醐味は役を演じることで別の人間になれること」だと聞いたことがあります。役になりきって心を理解するという意味では読書も同じです。すなわち、人に一番大切な共感力を養うということに繋がるのです。

特に名作とされる書物の文章を声に出してお芝居のように読んでみると、遥か昔に文字に込められた作者の生命力が蘇《よみがえ》ってくるように感じられます。

文豪のフランツ・カフカは「本」を「斧《おの》である」と定義し、そのうえで「本は私たちの中にある凍りついた海を割る斧でなければならない」との言葉を残しました。

私は常々「音読とは言葉の解凍作業のようなものだ」といっていますが、それは、声に出して読むことで、哲学者や文豪が残した言葉を喉《のど》で溶かし、身体の中で蘇らせる行為だと考えるからです。

感情を乗せて言葉を読み、自分以外の人の気持ちになれたということは、既にその時点で、言葉によって心が豊かに耕されたということでもあります。

心や感情は自分ひとりのものではなく、関わるすべての人たちと繋がっています。人の心を大事に思うことで、自分の心も豊かに平らかに、バランスを保って暮らしています。それを繋いでくれるものが言葉なのです。

1枚の絵を見て言葉にするトレーニング

一般に言語化力が高い人は、目の前で起きていることを簡潔にわかりやすく言葉にする作業をストレスなく行なうことができます。

このスキルを高めるための練習としては、写真や絵を瞬間的に見て、これを短時間で説明するというトレーニングが効果的です。私は小学生向けの「齋藤メソッド」の授業で採用していましたし、テレビ番組でもタレントさんたちに実践してもらったことがあります。

やり方は、1枚の絵や写真もしくはモノをお題として、それを5秒から10秒見てもらってから伏せて隠し、そこから30秒でどんな絵や写真だったかを思い出して話してもらうというものです。

秒数は場に応じて調整してもいいですが、必ず短めに設定をしてタイムプレッシャーを作り、時間の縛りの中で行なうことがいい練習になります。

言語を通じて映像のイメージを相手に伝え、伝えられた側は最後に絵を見て答え合わせをし、その結果「イメージと全然違った。説明が下手だな」といわれてしまうのか、あるいは「ほぼイメージ通りだったよ！　言語化力が高いね」と評価されるかは、伝える人の説明次第です。写真や絵は言葉で構成されていませんから、それを会話で伝えるには、ゼロからの言語化力が問われるわけです。

「日本の料理は食うものではなく瞑想するものである」という言葉を残したのは谷崎《たにざき》潤一郎《じゅんいちろう》です。著書『陰翳礼讃《いんえいらいさん》』の中で谷崎は、和菓子の羊羹《ようかん》について「玉《ぎょく》のように半透明に曇った肌が、奥の方まで日の光りを吸い取って夢みる如《ごと》きほの明るさを啣《ふく》んでいる感じ、あの色あいの深さ、複雑さは、西洋の菓子には絶対に見られない」と述べています。豊かな感性と確かな言語化力があれば、羊羹でさえもここまで奥深く表現できるわけです。

137ページの図5を見てください。ここからどのような説明ができるでしょうか。会話での説明ですので、ここは完璧な文章でなくても大丈夫です。

回答例「散らかっている部屋に若い男がひとり、ソファに寝転がっていて、寝ぼけたような表情をしていましたね。テレビはついたままで画面に『NO SIGNAL』と出てたので、映画でも観ながら寝落ちしちゃって、ふと目が覚めたという感じ。床には紙ごみやモノが散乱、ビール瓶がいくつか床に置いてあったので、酔って寝ちゃったのかな。なにしろ、壁に掛かっている絵も時計も傾いているし、花瓶の花も折れてるし。困った表情をしているように見えたけど、まぁ片づけようという気持ちは感じられなかったね。部屋全体が彼の心の状態を映し出していた感じですかね」

このような説明であれば、20〜30秒くらいで収まるのではないでしょうか。もしこれが1分という制限なら、「本が床に積み重なっていた」「だらしない性格なのに、絵を飾る気持ちはあるんだな」「クマのぬいぐるみも転がっていた」「花は白くてガーベラのようだった」「部屋で靴を履いてたのでアメリカ人なのかな」といった、より詳細な情報を加えたり、意図的にゆっくり話して尺《しゃく》（時間）に合わせたり、ということもしてみるといいでしょう。

図5　これを文章化できますか？

優先順位を意識して伝える

私は以前、子ども向けに絵を見て文章化する練習法をまとめた本を作ったことがあります。そこではポイントとして①「全体を見る」→②「次に細部を見る」→③「①と②から想像する」というフローを紹介しました。

まずは「誰（何）が」その行動をしているのかを伝えるのが原則です。仮に散らかった部屋の様子だけをつぶさに話しはじめてしまうと、この絵の「主語（主人公）」がいつまでも伝わらず、聞いている側も何の絵かが最後までイメージできません。

要は大事なところから優先順位をつけて

話し出すということです。聞く側におおまかな映像を描いてもらい、そこに材料を積み重ねていき、立体化してもらうイメージです。そのうえで最後に、絵から読み取れる大きなメッセージをまとめとして持ってくると、ギュッと締まったプレゼンになるはずです。

これをテレビ番組で私が先生役でやったとき、お題がレストランで2人の女性が座っている絵だったと記憶しているのですが、重要な「主語（主人公）」の説明をすっ飛ばして、いきなりテーブルの上のサラダや食器から説明をはじめた人がいました。あるいは「女性」を忘れて「なんか人間がいたよね」という人も。つまり、絵をパッと見たときに、細部に気を取られたり、主役を理解していなかったり、総じて全体を俯瞰して趣旨を把握する作業ができていなかったことになります。

言語情報を絵図にするトレーニング

このように、図を見て言葉や文字にするというトレーニングもあれば、反対に文字を読んでからそれを絵や図版にするという方法もあります。

私が大学の授業で実施しているのは、複雑で難解な文章を読んでもらい、それを1枚の絵や図にしてもらう練習です。最近ではテキストデータから写真や絵を作り出すAIの画像生成ツールが普及しつつありますが、これを時代に逆行してあえて人の力で行なうのです。

夏目漱石の『夢十夜《ゆめじゅうや》』は、夢の中の話で、現実に起きたことではありませんが、「女は長い髪を枕に敷いて、輪廓の柔らかな瓜実顔《うりざねがお》をその中に横たえている。真白な頬《ほお》の底に温かい血の色がほどよく差して、唇の色は無論赤い」という文章からは、風雅で幻想的な空気感が伝わってきます。そのようなときに人は映像を頭に描き、脳の中で「見て」いますし、声も想像して「聞いて」いるのです。

文章を映像化すると記憶に残りやすく、人物像がよりリアルに感じられるため、登場人物の心情もより深く理解できるのです。

一般に、活字中毒といわれるような人は、文字のほうが情報を得やすいのでしょうが、反対に文字が苦手で映像でしか頭に入ってこないという人も見かけます。「右脳は直感、左脳は言語。脳は右と左でまったく違う働きをしている」という説をよく耳にしますが、脳科学研究の第一人者である東北大学の川島隆太《かわしまりゅうた》教授によると、最近の研究ではそうではないことがわかってきたそうです。

右脳と左脳の間には情報を交換し合う組織があるそうなのですが、脳の病気の手術の際にこの組織を切ることがあります。そのような特殊な状況になったときにのみ、右脳と左脳が別々に働く、すなわち左脳が言葉の情報に長け、右脳が図形の情報を扱うのに長け……という状態になるといいます。

一般の健康な脳であれば、右も左も脳は一緒に働き、言葉も図形も両方の脳が働いて認識しているのだと川島先生は仰っています。

したがって、本書では「左脳と右脳」説を根拠としてこのトレーニング法を論じることは避けますが、いずれにしても「絵→文章化する」「文章→図化する」といった練習を交互に行なうのは、思考を鍛えていくためにおすすめできる方法です。

言語化と図化を効果的に併用する

「文章を絵にする」練習は、絵が苦手な人であっても取り組んでみることが大切です。ここでのポイントは絵の描写力ではなく、文字情報から何を発見できるかです。もし、絵を描くのが不得手でどうしても面倒であれば、シンプルな「図版」にするのでも構いません。

実際、私が大学の授業で取り入れているのはそちらのほうが多く、たとえば複雑な人間関係を図にしてみることは良い方法です。授業のようにグループワークで意見を出し合うのも効果的ですが、ひとりでも問題なくできるトレーニング方法です。

難解で複雑に絡み合った問題も、シンプルな図にすることですっきりとわかりやすくなります。「ａとｂが対立している」という前提があるなら、それを矢印や図形で表し、さらに別の人物であるｃやｄとの相関関係、あるいは背景にある事情も簡略化して図に落とし込んでいきます。こうすると、大人でもわかりにくい問題の中身が可視化され、子どもでも瞬時に理解できるようになります。

コツとなるのは、問題のキーワードを拾い出す力です。ごちゃごちゃした一連の出来事から不要なものを排除し、必要なものだけを３つか４つ選び、関係性に沿って紙の上に並べていくことで、大きな流れは表現できてしまいます。

その際、余計な記号は絶対に入れないことが大事です。図版というものはシンプルであるがゆえ、逆に不要なものがひとつでもあるとそれが意味を成してしまいます。その点ではキーワード選びの取捨選択に精緻な判断が求められます。

複雑な問題を人に説明するには、こうした図化する力と、細部をわかりやすく説明する言語化力が必要です。両方をうまく併用してアウトプットすることで、伝わりやすさは格段に向上するはずです。図版にシンプルさが求められるのと同様、いいまわしは冗長《じょうちょう》にならないよう、的確に短くまとめることが必須となります。

文字と図を効果的に使い分けることで、情報伝達の精度と理解が大きく向上し、言語化力の向上にも繋がります。

日常で活用できる図化のメソッド

この「図化する」という方法は、たとえば人から相談を受けたようなときに応用すると非常に便利です。話を聞きながらメモを取り、それを図にして整理していくことで、因果関係や選択肢、自身が置かれている状況と立ち位置、プラス面とマイナス面の比較、障壁となっている要因が何なのか――。それらが紙の上で明確になり、やがて解決への糸口が見えてきます。袋小路に陥って憔悴《しょうすい》していた人も、問題が可視化されて冷静さを取り戻し、思考も働くようになってきます。

心がけるべきは、ゆっくりと整理してあげることです。頭ごなしに「ａとｂがこうだよね、わかるよね」「だから諸悪の根源はこれでしょ、わからない？」と追い立てるような調子では、相手も心の余裕が生まれません。人は感情の生き物であり、論理は優しさを伴ってこそ大きな効果を発揮します。

また、もうひとつ大切なのは、紙を相手にも見せて書くことです。見えなければ警察の事情聴取のような空気になり、相手は不安を覚えます。あくまで見せて可視化しながら、むしろ２人で一緒に整理していくという心持ちが必要でしょう。

解決よりもまずは整理することが重要で、整理ができれば対策は自《おの》ずと見えてくるものです。完全な解決はその後で構いません。これが上手にできる人は、必ず良いリーダーになれるでしょう。この図化する方法は教員志望の学生の実習でも必ず行なうプロセスのひとつです。生徒の相談を受ける際にも非常に有効なのです。

問題を可視化して適切な対応を導くこの図化方式は、多くの場面で役立つはずです。ぜひ日常生活に取り入れてほしいと思います。

ポイントを瞬時につかみ言語化する

1枚の絵を見て瞬時にポイントを見つけ出せる人は、全体を俯瞰して答えを見つけるスキルが高いという話をしました。論理的な思考ができて言語化力が高い人は、俯瞰して全体を把握し、骨格やポイントを最初に見つけ出すことができます。

骨格がわかるということは、ものごとを構造化して理解できているということです。複雑に入り組んだように見える問題でも、絡み合った情報を上手に整理し、関連性を明確にすることで全体像と本質を素早く把握できます。

これは第1章で触れたとおり、ピーター・M・センゲが提唱した「システム思考《シンキング》」という、大局的なものの見方が習慣として身についているということです。

どこの会社でも、小さなことに心を奪われて全体を見通さない「木を見て森を見ず」タイプの社員がいるものですが、それはシステム思考とは正反対の人ということになります。概して目の前の情報にふりまわされ、問題の本丸にたどり着けません。

森を全体像から俯瞰して自然の法則に気づき、その中における木や虫、その他の生き物も含めた生態系として理解できる人こそ、システム思考が身についた人です。

どんな問題にも本質があり、それを端的に言葉にすることができるという意味で、言語化力とは本質を把握する力ともいえるでしょう。

実際のところ、本質がズレているといかに長く時間をかけて話をしたり、長い文章で書いたりしても、核心は永遠に伝わりません。言葉のコストパフォーマンスが悪いということになるわけです。

逆に、言葉のコスパがいい人は、優秀なコピーライターのように、本質を瞬時につかんで短い言葉でパッと伝えることができます。ビジネスの場でイシューを誤解なく的確にやり取りできる人は、本質が何であるかを常にわかっています。

本質とは核心であり、真髄《しんずい》です。目の前の上司が話していることの核心が何なのか、それをズレなく理解できている人は、自身の中にある真髄も相手に伝えることができるはずです。

芯をズラすべからず

これとは逆に、相手から聞かれてもいないのに、自分が知っていることを滔々《とうとう》と話しはじめる人がいます。問題の芯が何であるかを理解できていないと、そうなってしまうのです。

もし就活生が面接の場でこれをやってしまえば取り返しのつかないことになります。そういう人物は採用された後も、顧客を相手に同じことをする可能性が高いと判断されるでしょう。ベテランの面接官であれば、「理解力不足」「自己中心的」といった評価を瞬時に下すでしょうし、話が長すぎれば、マイナス評価として「時間管理の乏しさ」まで加わってしまいます。

相手が何を考えているのか、何を聞いているのかわかっていなければ、ビジネスでも私生活でも、会話として成立しません。結局のところ、内容がズレていると人はどんな言語を使っても意味を通じ合わせることができないのです。

仮に留学経験があって英語が堪能でも、思考のズレている人を通訳に採用し、海外企業との商談に連れて行ってしまったら、その案件はどうなるでしょうか。

「コスト高の要因は何か」と先方は聞いているのに、優先順位がわからないため別の周辺情報から話しはじめたり、「パートナーシップ提携の目的」について問われても、意図がよくわかっていないので「協力して仲良くやっていきたいです」とぼやけた形にしか訳せません。

野球のバッターであれば、延々とファウルチップを打っているような状態です。先方にすれば「ちゃんとバットの芯で打ち返してくれよ」といいたくなるでしょう。おそらく商談は失敗、さらに企業としての信頼が失われるのはいうまでもありません。

ビジネス上の会話や交渉は自分ひとりでやるのではなく、相手がいるものです。相手が何をもって言語にしているのか、その核心を押さえながら思考でつかみ取っていく力が必要なのです。

行間や余白を心で読み取る力

絵や写真を見て、そこから得られる情報を的確に言語化できる人は、いわゆる「行間を読む力」にも優れています。小説などにおける行間には、実際に書かれている文章の裏にある作者の意図や微妙な暗示が隠されており、これを文脈や語彙から理解することで、物語の奥深さに触れることができます。

余白があることでより強く感情に訴えるという側面もあるでしょう。言語力が高い人は言葉そのものを理解するだけでなく、その背後にある作者の視点を読み取ることができるわけです。

そもそも小説とは、「悲しい」「嬉しい」という言葉を使わずに悲しさや嬉しさを文章で表現するものですので、読む側は目の前にある文章から作者の伝えたい意図を読み取る力が求められます。

夏目漱石の小説『こころ』では、「先生」と呼ばれる男性の心の内面における葛藤や煩悶《はんもん》が悲劇を引き起こす様が書かれていますが、読者がなぜこれを読んで心を揺さぶられるのかといえば、行間に隠された世界観にまで触れているからです。

松尾芭蕉は俳句の精神について「いい仰《おお》せて何かある」、すなわち「すべてをいい尽くして何が残るのか」といいました。全部をいってしまったら風情がないという考え方もあるわけです。

女優の岩下志麻《いわしたしま》さんは、小津安二郎《おづやすじろう》監督の遺作となった映画『秋刀魚《さんま》の味』にヒロインとして出演した際、「人間は、悲しいときに悲しい顔をするものではない。感情とはそんな単純なものではない」と演技の真髄を教えられたといいます。時には哀しい笑顔で心の奥にある感情を表現できることが芝居であり、力のある俳優であると改めて感じたそうです。感情の行間という意味で通じる話かもしれません。

行間を読み取る力は文章だけでなく、会話の中で感情を理解するのにも役立ちます。この力が高まることで、コミュニケーション能力は飛躍的に向上します。私たちは、論理力や言語力を磨きながら、この行間を読み取る力を養うことが重要です。

行間は言葉や心の「余白」だと考えることもできます。心理学者の河合隼雄《かわいはやお》先生は、ある講演で次のように話しました。

「文字で読んでいながら、文字と言葉をどんどん越えさせることができているのが詩だと思います。（略）詩を言葉だけで読んでいたらだめです。その証拠に詩は〔ページ上に〕余白がものすごくたくさんあるでしょう。あれはあそこに本当は全部詰まっているんですということではないかと思います。（略）言葉プラスｘプラスαという、

そっちのほうがむしろ大きいのではないか」(『読む力・聴く力』〔岩波書店〕より)

行間や余白を読み取れる人は、相手の言葉の表面だけでなく、その裏にある感情や周辺のふくみを感じ取る力に優れています。これにより、相手の感情や気持ちをより深く理解することができ、健全なコミュニケーションを実現することができます。

必然的に誤解や勘違いが減り、不必要なやり取りがなくなることで、お互いがより深く理解し合い、有意義な対話を持つことが可能になるのです。

ビジネス文書には余白を作るな

一方、ビジネスシーンにおいては、会話や文章で情報を精緻に伝えることが必須となります。もちろん、商談や提案のような場でも、相手の心の余白を読み取る努力やスキルは必要ですが、肝心の提案文書や企画説明の会話が「行間を読まないと意図が伝わらない」「言葉の裏を読まないと主旨がわからない」では困るわけです。

一切の曖昧さを排除し、伝えるべき情報は優先順位をつけて漏れなく織り込み、誤解が生まれる可能性を限りなくゼロに導く言語化力が必然的に求められます。

たとえば、「クライアントのニーズに適合しますから」といってもどんなニーズかわかりませんし、「マーケティング戦略を展開します」だけではどんな戦略かわかりません。

また、次の発言はあるＩＴ企業の営業担当が取引先に赴き、新しい情報システムの導入をすすめていると仮定したものです。

「このシステムはデータが扱いやすくなるのでかなり便利です。セキュリティも強化されますし、既存の業務プロセスとの統合も可能です」

これでは、データが扱いやすくなるとはどういうことか、それの何が「かなり便利」なのかがわかりません。「データの集約と分析が自動化される」という扱いやすさが実現し、これにより「意思決定の迅速化が可能になる」から便利ですよ、といった説明を加えるべきでしょう。

あるいは、「既存の業務プロセスと統合できる」と何がいいのか。おそらく先方とすれば「統合できると作業時間の短縮とコスト削減が図れる」といったメリットまでしっかりと言葉にしてほしいと考えるはずです。

「いわなくてもわかるはず」「そういう意味ではなくて」「よく読めばわかるでしょう」というエクスキューズは、特にビジネスの場では通用しません。よく読まなくてもスッと頭に入るような会話や文章を発信しなければなりません。

また、ビジネス文書は限りなくコンパクトにまとめることが必須となります。1940~50年代に英国宰相を2度務めたウィンストン・チャーチルは、はじめて首相に就《つ》くやいなや、各部局に通達を出したといいます。

その内容は、手元に届く大量の文章がとにかく無駄が多く長すぎること、要点を見つけるのに時間がかかるので改善せよというものでした。すなわち「要点を短くパラグラフにまとめよ」「複雑な分析に基づく報告は統計データなどを付録とせよ」「場合によっては見出しだけを並べたメモ〔すなわち箇条書き〕をもとに口頭で報告せよ」ということです。まさに現代のビジネス文書に通じる概念を、チャーチルは80年以上も前に提唱していたことになります。

こうして考えると、ビジネスシーンに求められる言語化力とは、何気ない会話の中で余白部分から感情を読み取る力と、無駄なく精緻に伝達する能力であり、両方をバランスよく持つことが必要ということなのです。

言語化できない人は怒りっぽい

よく「現代社会はストレス社会」などといわれますが、確かに働く人々のメンタルヘルスの重要性は時代とともに高まっています。厚生労働省の調査でも、日本の働き手の8割を超える人が仕事や職業生活に関することで不安やストレスを抱えているといいます（「令和5年労働安全衛生調査」より）。

実は、感情と言語化は大きく関係しています。言語化力が高い人ほど自己の感情を正しく認識し、心の揺れの原因をつきとめ、その揺れ幅を抑えることができるといわれています。

『アンガーマネジメント入門』（朝日新聞出版）などの著書で知られる安藤俊介《あんどうしゅんすけ》氏によると、怒りやすい人にもっとも欠けている能力のひとつが言語力だそうです。

言語力が低い人は怒りの原因を言葉で表現できないため、大声を出したり机をバンバン叩いたりという行為に走ってしまうといいます。いわば、語彙力がまだ足りていない幼少期の子が、怒りの感情をコントロールできずに大泣きしたり、癇癪を起こしたりするのと基本は同じです。

一方、言語化力が高い人は自分の心の正体を論理で探求し、その原因を言語で探ろうとします。読書家で知られる元陸上選手の為末大《ためすえだい》さんは、言語化力と心の管理について、雑誌のインタビューで次のように話しています。

「幼少期に本を通してたくさんの言葉に触れたことは、競技生活にも役立ったと思います。というのも、長く競技生活を続ける上で一番重要なのは、メンタルを平常に保つということ。イライラ、モヤモヤ、なぜかやる気が出ないというとき、その感情を整理して言語化すると、自分の心を客観視できます。そうやって自分の状況を冷静に判断できれば、心のバランスを保つことができますからね。また選手を指導するときにも、今、目の前で起きている状況、例えば『なぜうまく行かないのか？』などを言語化して頭の中で整理することは非常に重要です。そうすれば、冷静な判断もできますし、指導者がイライラして感情爆発するようなことを避けられるのではないでしょうか」（『AERA with Kids 2020春号』［朝日新聞出版］より）

感情を言語化するということは自己を理解することでもあります。自分の心を言葉で読み解き、怒りや不安の正体を自分なりに整理することで、揺れ動く心を平らかな状態に近づけられるということです。

不安や悩みを言語化する

第2章で、メタ認知能力が高い人は自分の会話を客観視し、矛盾が少ない整った会話を即興ですることが上手だという話をしました。ここには心の揺れ動きも関係してきます。

つまり、メタ思考を働かせて感情を客観的に見ることができるので、不安や悩みの正体を見つけ出すこともでき、それゆえ感情コントロールもうまく図れるということになるのです。

先述したとおり、元陸上選手の為末大さんが言語で心の平穏を保てるのは、言語化力とともにメタ認知能力も高いからと考えられます。メタ認知能力と言語化力との密接な関係性を文科省が学習指導要領で重視していることは既に述べました。

要は、自分の感情をコントロールできる人は、ものごとを俯瞰して思考できるメタ認知能力が高いということ。メタ思考ができる人は、感情抑制も上手だということです。

自分の感情からいったん距離を置き、離れたところから自分を見つめ直してみるというイメージです。目の前の感情から距離を置けている人は、感情に流されていない、つまり、自己を内省して心を制御できているのです。

自己と向き合い、感情を制御する

シャネルの創業者ココ・シャネルことガブリエル・シャネルは、自宅の部屋に姿見(全身鏡)を常に置き、ひとりのときは鏡に向かって自身と向き合う時間を作ったといいます。これは、多忙な時間から自分を取り戻すためだったと考えられています。

「鏡は厳しく私の厳しさを映し出す。それは鏡と私の闘い。私という人間を露《あら》わにする」とはシャネルの言葉です。鏡に映るもうひとりの自分を見て内省し、心の状態を丁寧に推し量る。思考や感情を客観的視点から抑制するという意味で、今でいうところのメタ思考に基づく行為だったといえます。

残業中の会社員が、疲れてため息をつきながらトイレで手を洗い、ふと鏡を見て思わず「うわっ。俺、疲れた顔してるな」「少し休もう」というように、自分を見て自分に気づくというのも自己洞察における貴重な機会です。

思考の源泉と向き合って感情を言語化できるということは、人生において極めて意義深いことです。そして簡単なことでもありません。心の中にある不安の正体を探ることは、自分にとって都合の悪い感情とも逃げずに向き合うことです。

夏目漱石は『吾輩は猫である』の中で「己を知るのは生涯の大事である。己を知る事が出来さえすれば人間も人間として猫より尊敬を受けてよろしい」と猫に語らせています。ソクラテスは「汝《なんじ》自身を知れ」を座右の銘にしたといいます。

自己を見つめて自己を知る。それがどれほどの大きな探求テーマであるかが、先人の残した言葉からもうかがい知れます。

第4章

人を動かす言語化テクニック

保育士さんの子どもに対する言語化力

一般に、小学校の先生や保育士さんたちは、小さな子どもとの会話術に長けています。これはつまり、「子どもに対する言語化力が高い」という見方ができるのだと思います。「園児向けのプレゼンが秀逸」ともいえるでしょう。実際、保育士さんは園児の興味や理解力、性格などに合わせて話し方を工夫し、平易で簡潔な言葉を選びながら、わかりやすいプレゼンテーションを日常的に試みています。

実はこのスキルは、ビジネスの場で上司が部下に対して行なう言語化にも通じます。

わかりやすい例が絵本の読み聞かせです。園児は大人のような集中力を持たないのが当たり前ですから、飽きさせないように様々に言葉を使い分けたり、物語の転換点となる部分では声のトーンを変えて身ぶりを加えてみたりと、聞く側の気持ちを引き寄せるように読む必要があります。

これはつまり、語彙の多様性や表現力の豊かさが発揮されているということで、ビジネスの場で求められるコミュニケーション力と基本的には同じです。

小さな子は一度伝えただけで完全に理解することは少ないですから、反応が鈍いようならリマインドしてみたり、「今、先生がいったことわかったかな？　なんていったかおしえて」と反復をしてもらうなど、場に応じたフォローアップも必要です。

また、この段階の子どもはわずか１年でも心身が大きく成長しますから、年少さんと年長さんで言葉の使い分けが求められる場面もあるでしょう。

語彙と伝え方を見極める

一般の企業でも、プロジェクトの内容を入社１年目の社員に話すときと、10年目の中間管理職に伝える場合では、言葉選びも話し方も変わってくるはずです。

10年目の社員であれば、明確に言語化せずに「いつものあれで」といって通じることが、新人にも理解されるとは限りません。場に応じてくどいほど丁寧に言葉を選び、誤解が生まれないよう明確に伝えることも時には必要です。

「今期のＫＰＩを達成するためのアクションプラン、来週までに頼むよ」

「はい……」

この会話だけで本当に伝わっているかどうかはわかりません。釈迦《しゃか》は「人を見て法を説け」といいました。部下がこちらのいったことを理解できているのか、彼がその分野でどれほど知見があるのかを認識したうえで、指示を出した後もフィードバックの機会を設けるなど、タスクごとに進捗を確認する意識が必要です。

つまり、相手の語彙力を考慮してそのラインに合わせて言語化するのです。「ラインに合わせる」とは、相手の力量を推し量るということです。

しかし、いかに入社1年目といえども、新卒社員に向かってあまりに平易な言葉を選んでしまえば、それはそれでビジネスにそぐわない、妙な会話になってしまいます。先述した法律文書の例と同様、「公共の福祉のために個人は法令を遵守し……」といった言葉を、社会人を相手に子ども向けの言葉で「人に迷惑をかけてはいけませんよ」と伝えると、言葉の意味や精度が失われ、曖昧な会話になってしまいます。

究極の理想は、相手が感じる「ちょっと難しいギリギリのライン」を見定めて、そこへ向けたアウトプットを的確に行なうことです。会話レベルを「ギリよりちょい上」で保つことは、部下の育成にも繋がりますし、専門的な意味や話の精度も保てます。結果、ビジネス上の情報伝達がうまくいったということになります。

最近では「ストレッチアサインメント」というビジネス用語が使われます。要は現状の実力ではちょっと厳しいかな、と思われるような役職にあえて任命し、いわば無茶ぶりを原動力にして当事者の覚醒を促すという人材育成法のひとつです。原理としてはこれと似ているかもしれません。

そのためには相手の「ギリギリのライン」がどこにあるかを、日頃から正しく知っておくためのコミュニケーションも必要になるでしょう。世の保育士さんたちが子どもたちと普段当たり前のようにしていることと同じです。

メリットとデメリットの両面提示

私たちが何か提案したい意見があるとき、メリット（良い点や期待できること）とデメリット（悪い点や不安材料）の両面をセットで言葉にして伝えると、相手に安心感を与えることができ、意見はより通りやすくなります。

たとえば後輩を食事に誘う際に、「うまい焼き肉店があるんだ」というメリットだけでなく、「ただちょっと遠いんだけどね」「値段は高いんだ」「店員の態度が良くないんだけど」とデメリットもセットしておくと、相手は納得ずくでその店に行くわけですから、後から文句をいわれることはおそらくありません。ビジネスの場であればクレームの予防にもなります。

これは心理学の分野で「両面提示」と呼ばれています。公正で客観的な立場を示すことで信頼感を得ることができ、相手側も両方の側面を知ることで納得がしやすくなります。

実際に、面倒な問題に対処をするときには、相反する情報もしっかりと仕入れたうえで、改めて解決の道を模索するのが常道です。

ビジネスの場であれば、たとえばコンサルティング企業が新規のスキームを提案する際、期待できる効果と不安な点をセットにして公正に伝え、そのうえで懸案事項を補う対策も添えた提案をすることで、理解と承諾を求めるというのが基本です。

不利になり得る情報も開示することで、むしろ提案に説得力が生まれ、クライアント企業はデメリットも含めた総合的な判断ができたという認識を持ちます。一般に、人は「もう考え尽くした」「検討できるところはすべてした」という意識になることで、難しい課題の決断もしやすくなるものなのです。

メリット先行が鉄則

メリットとデメリットを伝える際の順序については、良いことから先に、嫌なことは後から加えるのが原則とされています。こちらは心理学用語で「初頭《しょとう》効果」といい、人は先に提示された情報により強く影響を受けるといいます。

先の焼き肉店の例でいうと、順序を逆にして「態度が良くない店員の店があるんだけど、行く？（デメリット）」→「ただものすごく安くておいしいよ。焼き肉屋なんだけど。ほんとにおいしい！（メリット）」としてみると、「態度が良くない店」がタイトルのように強く印象に残り、焼き肉がおいしいかどうかは二の次のように感じてしまいます。むしろ「なんでそんな誘い方をするんだ」という気持ちになるでしょう。

あるいは、メーカーの担当者が新商品を小売店に売り込む際、次のような営業をしたら、相手はどう感じるでしょうか。

「この商品ですが、正直申し上げまして最初は取り扱いが面倒かもしれないです。なにしろ規格が特殊で陳列する際に棚の幅を取りますし、卸値もやや高めで販売価格の調整も必要になるかと。ただ、品質と機能のほうは申し分なくてですね、テスト販売でもユーザーからは非常に好評でして、データもこのように……」

一目瞭然でしょう。どう考えても利点を先に伝えるべきでした。不思議なもので、伝えられる情報量は同じですし、「正直申し上げまして」とデメリットも公正かつ客観的に伝えてはいるのです。しかし、会話全体から受けるイメージはまったく良くありません。店側の担当者の困惑する顔が眼に浮かぶようです。

もちろん、ビジネスにおける人間の関係性というのは単純ではありませんし、状況によっては順序が逆のほうがいいということもあるでしょう。あくまで原則的にはメリットから先に伝えるほうが無難であり、そのうえで状況に応じたコミュニケーションを図っていただくのがいいと思います。

数字を入れて論理的に話す習慣

言語化において、相手に説得力を感じさせるためには、具体的な数字をできるだけ取り入れて話す習慣が重要になってきます。これにより、話の内容がより客観的で中立的となり、ひいては話しているその人の信頼性を高めることに繋がっていきます。

また、思考と行動から思い込みや偏見が除外されることで、正しい答えにたどり着く確率も上がります。

朝起きた状況を伝える際に「今朝は5時に起きたから眠いよ」というのと、「今朝はすっごく早く起きたから眠いよ」というのでは、聞く側が受けるイメージはやはり違います。「めっちゃ広かった」より「100坪はあったよ」のほうがイメージは鮮明に伝わります。

さらに次のようにもう少し長い会話で比較すると、違いはよりはっきりとわかるかと思います。

数字あり
「野球を観に行ってきたんだけど客が4万人も入ってたよ。かなり混んでた。でも売店は5分くらいしか並ばなかったな。あと、ビールが100円値上げされてたよ。ご時世だからしかたないけど」

数字なし

「野球を観に行ってきたんだけど客がめちゃめちゃ入ってたよ。かなり混んでた。でも売店はそんなに並ばなかったな。あと、ビールの値段がちょっと上がってたね。ご時世だからしかたないけど」

後者でも日常会話としては問題ないのですが、少なくとも、話に数字を入れる意識が低い人であることはわかります。そういう人は、日頃から文脈に事実を入れて具体性を高める意識が欠けているのかもしれません。

話し方は日常の習慣として身体に染みついているものですから、普段「数字なし」の人がいきなり「数字あり」で話せといわれても必ず口が止まってしまいます。急にいつもと違うことをしようとしてもストレスになるだけです。

ということは、これが職場であれば「この人はいつもこういう話し方をしているのだな」という評価をされることになるでしょう。つまり、客観的な視点を欠いた思考で仕事をしている人だと判断されるわけです。

数字に対する意識を持つ人は、数字が入ることで情報が主観に左右されず、話が説得力を持つことを感覚的にわかっていますし、主張の信頼性が担保されると自己への評価が高まることも自然に理解できています。

基本となる数字を覚える

会話の中に数字を入れる意識をより高く持つためには、疑問が発生した時点でスマホなどで即座に調べる習慣をつけるのはもちろんですが、まずは基本的な数字くらいは暗記して覚えてしまうことです。

端数まで正確な値でなくてもいいのです。日本の人口なら「1億人くらい」、国家予算は「100兆円くらい」、日本のGDPが「600兆円くらい」といった数字は、聞かれて答えられないと社会人として心配されるレベルと自覚すべきです。

肝となる数字を暗記しておくべき理由のひとつは、それが基準となって別の数字を理解する助けになるからです。「アメリカの人工知能（AI）に対する民間投資額が約10兆円で世界1位」というニュースに触れたとき、ただ単に「10兆円スゲー！」ではなく、「日本の国家予算の1割にも達している！」という形で理解できます。

それ以外でも為替相場、平均寿命、高齢化率など、基本とされる数字はビジネスパーソンでなくても記憶しておいたほうがいいでしょう。

先日、飲食店で食事をしていたときのこと、近くの席の会社員らしき男性2人が「今、日本のGDPって世界何位だっけ?」「おいおい、しっかりしろよ。アメリカの次だろ。2位だよ」と話していたのが聞こえてきて、思わず箸が止まってしまいました（実際は中国、ドイツに抜かれて4位）。

職場で上司に「課長、日本は高齢化が進んでますので」といったとして、「君はどのくらい進んでいるか知ってるのかね」と返され、「いや、具体的にはちょっと……」ではどうにもしまりが良くありません。課長からすれば「実態をわかってもいないのになんとなくで話をする社員」という評価になってしまいます。

そのとき即座に「約30%ですね。しかも中山間地では40%が当たり前の時代です」と答えることができれば、具体性をもって思考をしていると理解されるはずです。

また、数字と仕事との関係でいえば、少なくとも自社の決算書くらいは読み込んでおき、財務状況を大枠でもいいので把握しておきましょう。

自分が受け取っている給料の源泉がどのような流れで生み出されているのか、現在進行中のプロジェクトの予算額が企業規模と比較してどの程度なのか。目の前のお金は、全体との関わりを知ったうえでないと正しく判断することはできません。

以前、ある卒業生が入社して間もない会社に対して「うちの会社はケチで困る」といった愚痴ばかりこぼすので、どのくらいの利益率をあげている企業なのか聞いてみたところ、きょとんとして答えが返ってきませんでした。自社のバランスシートを見たこともなかったのです。

1万円の純利益を生み出すために、どの程度のコストがかかっているのか。福利厚生で社員ひとりにつき1万円の拠出をするために、自社の商品をどれくらい売らないとペイできないのか。不平不満をこぼす前に、まずは数字という客観的事実と向き合い、そのうえで愚痴をいうならいう、改めるなら改めるとしたほうがいいでしょう。

数字を用いた言語化の強み

数年前、ある大手メガバンクの投資部門の方とお話ししたのですが、金融関連の数字はほぼ完全に網羅したうえでスラスラと話をされていたのが印象的でした。しかも、一般には馴染みの薄い専門性の高い数値には、さりげなく説明を加えてくれるなど、コミュニケーション力が総合的に高い人であると感じました。

結局のところ、その方の話が合理的ですっきりと感じられるのは、記憶した数字のデータが理論を支えているからです。公正かつ客観的な数字が論拠となっているため、第三者から曖昧な記憶や感情的な主張で突っ込まれても決して揺るぎません。

それゆえ「バブルのときに超インフレになったのを君は銀行員のくせに知らんのか！」と詰め寄られても、「いいえ、バブル期に高騰したのは土地と株です。実態は資産バブルでした。物価上昇率そのものはせいぜい3％くらいだったんですよ。超インフレなんてとんでもない」と冷静に返せるのです。

このように、話に具体的な数字を取り入れて説得性を高めることで、情報の客観性や説得力が高まります。さらに話す人の社会的な評価も高まるのです。

信頼性のあるコミュニケーションを日常化するためには、数字を使った言語化の意識を今まで以上に高く持ってほしいと思います。

交渉の基本戦略

一般に「交渉」という言葉を聞くと、「契約の交渉」「和平の交渉」「身代金の交渉」といったように、どちらかというと堅苦しいやり取りを連想しますが、実は家庭内での何気ない会話や友人との雑談の中でも、私たちは交渉と呼んでもいい言語コミュニケーションを無意識に繰り返しています。

たとえば、会社の昼休みに仲間うちで「今日、何食べる？　俺はかつ丼がいいな」「いやぁ、蕎麦にしようよ」といったやり取りも交渉といえば交渉ですし、家族旅行で行き先を相談し合って決めるのもある意味で交渉です。

交渉の英訳は「ネゴシエーション（negotiation）」が一般的で、取引などのために話し合うこと全般を指すこともあります。イギリスの哲学者アダム・スミスが「人間は取引をする動物である」といったように、人は常に互いが持つ価値やメリットを誰かと交換しながら関係性を築いて、それぞれのコミュニティを形成しています。

交渉を有利に導くには、自分の要求をはっきりと伝えることが必要不可欠ですし、相手の言動から立場や発想を理解することも必要です。ゆえに交渉では言語化力が何より重要となるわけです。

交渉には基本的な原則があり、そのひとつが「BATNA《バトナ》(Best Alternative To Negotiated Agreement の略)」と呼ばれる概念です。わかりやすくいうと「交渉で合意できなかった場合の次善策」あるいは「最良の代替案」となります。

視野狭窄になってひとつの選択肢だけに固執するのではなく、2の矢、3の矢を常に準備して余裕を確保しておくということです。

私は2022年に、弁護士で日本交渉学会会長の射手矢好雄《いてやよしお》さんと共著で『BATNA 交渉のプロだけが知っている「奥の手」の作り方』(プレジデント社)という本を作ったことがあり、いわゆるハーバード流交渉術の要諦とされる「交渉の7つのカギ」について解説しました。本書ではそれを簡略化し、7つのうち3つに絞り込む形でご紹介します。

すなわち「利益」「オプション」「BATNA」の3つです。それぞれの意味を簡潔にまとめると次のようになります。

①「利益」…………交渉により自分が実現したいメリット
②「オプション」…交渉の合意のためにどのようなやり方があるかの選択肢
③「BATNA」………合意できなかった場合の最良の代替案（2の矢、3の矢）

重要なのは、①「利益」には相手側のメリットも含まれるということです。交渉ではまず自分が利益を確保することがマスト事項ですが、同時に相手が得られるメリットもできるだけ大きくすることが理想です。

つまりはステークホルダー全員の利益を最大化させるということ。まさに近江《おうみ》商人の「売り手よし、買い手よし、世間よし」、すなわち三方《さんぽう》よしの精神です。

ビジネス上の契約であれば、それにより取引先との円滑なパートナーシップを維持できますし、ランチの店選びであれば同僚との良好な関係を保つことができます。

そのためにはどんな方法があるのか（②「オプション」）。もしA案が無理ならどんなB案、C案が考えられるのか（③「BATNA」）。こうした思考原理のもとで交渉を進めることになります。

「ベストは無理でもできればベターなこちらを」というプランで合意できれば、少なくとも双方が最低限のメリットを得ることはできます。

なにより、現実的な代替案を持つことで、無茶な要求や現実性の低いオファーを無理して受け入れる必要はなくなります。場合によってはその交渉相手をすっぱりと切り捨て、別の相手と交渉をするという手段もあります。つまり、交渉先を別に選ぶこと自体が「2の矢」という選択になるわけです。

このことについて、先述の射手矢さんは業界誌のインタビューで次のように答えています。

「BATNA思考を身につけることで、目の前の相手と合意しなければならないという思い込みから抜け出し、自分が真に求めるものの本質が見えてくる。（略）あらゆる〝決断〟を求められるシーンでBATNAが人生をより良い方向へと導いてくれる」

（『広報会議　2022年10月号』〔宣伝会議〕）

ということは、この思考を身につけた人が増えれば、詐欺や悪徳商法の被害に遭う人が減っていくかもしれません。

BATNAを仕事にも日常にも応用する

BATNAの概念は様々な場面で応用できます。後輩社員が仕事でつまずいているようなとき、「まずはこのあたりから手をつけてみたら？」と提案をして、仮に後輩から「それも私にはちょっと難しく……」と返ってきたからといって、「それじゃもう終わりだ」では少し気の毒です。そのような際にも2の案、３の案を持っていたほうが、会社全体としても問題の解決に繫がります。

また、普段の会話でも相手に「どうしましょう」と丸投げして漠然と聞くよりは、「Aはどうでしょう。あるいはBやCもありますけど」と、選択肢をいくつか提示して聞くほうが双方にとってより良い結果が期待できます。

一般に、立ち居ふるまいに余裕があるビジネスパーソンは、心の中にBATNAを持っています。常に次なるプランを用意し、頭の中に整理されているため、イレギュラーな事態に直面しても的確な行動を取ることができます。

契約内容が急に変更となった場合でも別のプランで対応できますし、製品に予期せぬ不具合が発生しても、迅速に解決策を提示することができるはずです。

そして、これらの対応力を支えるのが論理的な思考と言語化力です。高い言語化力があることで事態を正しく把握し、もっとも価値ある次善策を選択できるのです。

審判員の俯瞰視点を持つ

ものごとを公平かつ客観的に判断するには様々なスキルが求められますが、ひとつには「審判員の視点を持つ」という方法があります。はじめて見る競技でも転換点となるポイントがどこにあるかを見極め、規則性やパターンを論理的に把握することで、主観を排除した冷静な判断を下すことができます。

私は以前、大学から居合道《いあいどう》部の部長になってくれと頼まれ、試合を見学する機会がありました。私自身は武道の経験はありますが、居合道の経験はまったくなく、試合のルールもよく理解できていませんでした。

そこで、自分流の視点で、いわば勝手に採点をしながら試合を眺めていたのですが、10試合くらいを見た中で、私の判定がずれたのは1試合のみ。あとの9試合はすべて正確でした。

そのときに私がしたことは、得点になるであろう基準を、私なりに「動きの正確さ」「相手の存在への考慮」「気迫や気合い」といったところに設けてみて、そのうえで最終的には「強さと美しさ」が表現されているかで判断したのです。結果は先述のとおり9勝1敗だったというわけです。

はじめて見る競技でも評価ポイントさえ明確に定めることができれば、ある程度公平な判定ができるのです。それは私にとっても新しい発見でした。

同じように、大学入試のようなテスト問題に挑む際も、予備校などではよく「出題者の意図を読み取りなさい」と教えられます。

そもそも言語を通したコミュニケーションとは、相手を理解することですので、テスト問題であれば出題をした「相手」、すなわち文章を書いた執筆者ではなく、設問を作った出題者の気持ちをすべからく理解すべしということです。

出題者がどんな意図でこの問題を選んだのか、何を答えさせたいと思ったのか。それを受験勉強の中で繰り返し考えていくうちに、本番の試験までには「どのように答えるべきか」が見えてくるようになります。

現代文のテストであれば、問題を解く手がかりが必ず本文の中にあるはずです。設問者としては「そこに気づけば解けるはずだよね」という考えのもとですべての問題を作っています。手がかりがゼロもしくは山勘《やまかん》でしか解けない問題は絶対に作りません。そもそも、それでは採点もできません。

「後ろから肩を叩かれてドキッとした」という部分に傍線が引かれ、「ドキッとした理由はなぜですか」と問うているなら、そのヒントや手がかりが必ずどこかに書かれているはずです。それこそが出題者の意図であり、問題を解く側はそれを読み取ることが必要だということです。

「審判員の視点」から物事を考察できる人は、たとえば仲間うちで誤解やトラブルが発生したときに、問題に潜む核心や分岐点を見極めて合理的な仲裁ができます。事態の修復を手助けしたり、解決策を見つけ出したりするのが上手な人、という評価に繋がるのです。

また、会社の会議などで様々な意見が交錯しているようなときでも、俯瞰的に論点を整理し、より正しい答えを導くこともできるでしょう。さらにいえばプロジェクト全体の管理や難しい顧客対応など、どんなシーンでもその力が発揮できるはずです。

この「審判員の視点」というパラダイムは、どちらかというと一般には馴染みが薄いフレームワークかもしれませんが、仕事や私生活のあらゆる場面で役に立ちます。

最終的な価値や目的を言語化する

第三者に対して何かを理解させたり、行動を促したりする際には、その先に待っている価値やメリットを言語化して伝える方法が有効です。

自分が今やっていることが、何にどれくらい効果があるかを具体的にイメージできないと、特に合理的思考を持つ世代の人たちは、本気で取り組もうという気になれないものです。スポーツチームでコーチが選手に筋トレをさせるにしても、その筋肉を鍛えることでプレーのどこに効果があるのかを明確に伝える必要があります。

たとえば、「ゲームをやりすぎると目が悪くなるから時間を決めなさい」といってもなかなか止めない子どもには、視力の大切さから教えるという方法があります。

あるいは、「寝る前に歯を磨きなさい」といっても聞かない子には、歯が丈夫だと人生がどれだけ幸せかを伝えていくということになります。

結論を先に示したうえで、「そのほうが自分は得なんだ」「そうしないとヤバいことになるな」と心から納得してもらうことにより、はじめて行動が促されるのです。

たとえば料理は、材料の皮を剝《む》いたり切ったりするプロセスは面倒ですが、美味しそうなできあがりを想像すれば作る励みにもなります。

マーケティングの概念では、商品やサービスを売るには顧客にとっての価値（ベネフィット）から考えるという原則があります。

先述のゲームの例でいえば、子どもにとっての価値や目的がどこにあるのか、「直近のゲームの快楽」とその先に待っている「価値・目的」を並べて提示し、そのうえで今すべきことが何であるかを子ども向けに言語化するのです。

相手を納得させる言語化

アメリカの作家・講演家で、スピーチの権威であるデール・カーネギーは「人を動かすには秘訣がある。自ら動きたくなる気持ちを起こさせることだ」といいました。

自ら動きたくなるには本人が「納得」すること。まずは事実を情報として知り、考えを巡らせ、そのうえで心から納得することができれば、そこからは自ら行動を推し進めていけます。

伝え方の方法としては、本書でもご紹介している「三角ロジック」がひとつの参考になるでしょう。子どもの長時間のゲームで悩む親御さんであれば、まずは主題（クレーム）を「小学生が長時間ゲームをすることは身体にも心にもよくないのでやめるべき」とします。

次に、ここが大事なのですが、具体的事実（データ）の収集については、専門書やネットなどの助けを借りることです。「全部を自分で言語化しないといけない」などと思いつめる必要はありません。

「あの選手がこんな風にいっているよ」「この本にそう書いてあった」「専門家がこんな話をしていたよ」などと、権威を伴う事実をデータとして提示してあげることで、より鮮明で力のある言葉として伝わります。

権威と聞くと「権力」とダブらせて即座にネガティブなイメージを持つ人もいます

が、意味は明確に違います。それこそ、語彙を精緻に理解する必要があるという本書のテーマにも重なります。

専門家や公的機関、あるいは子どもが憧れているスポーツ選手やアーティストの言葉は、ある種の「権威（authority）」です。この権威ある言葉を用いて理解を深めるという行為は、あらゆる知的活動において有効です。

権威とは各分野における知識と経験の集積であり、信頼や尊敬の対象となるものです。権威があるから国連の統計情報を人は信用するのです。

経営コンサルタントの新《あたらし》将命《まさみ》氏は、著書『自分と会社を成長させる7つの力』（アルファポリス）の中で「権力は人を指示命令で動かせても、納得させることはできない。そこで必要なのが権威の力である」といっています。

必要に応じて世界保健機関（ＷＨＯ）や厚生労働省、日本小児科学会などの機関が公開している関連データを、わかりやすく教えてあげてもいいでしょう。

そのうえでの説明（ワラント）として、長時間にわたるゲームの使用による心と身体への悪影響や、これから待っている中学校、高校での生活といった近い未来像なども話し合ってみて、先に述べた「納得」に導くというプロセスを試みてください。

モチベーションを高める言語化

私は大学で教育学部の学生を相手に講義をすることが多いのですが、学生たちにいつもいっているのは、生徒から「なんで国語を勉強するんですか」と聞かれたとき、自信を持って答えられる人であってほしいということです。教師自身が国語の重要性や意義を理解していなければ話になりません。母語である日本語の習熟が人生において大切であることは、既にここまで述べてきたとおりです。

カーネギーの言葉のとおり「人が自ら動きたくなる気持ちを起こさせる」ためには、相手を納得させる言語化力が必要です。

こうした考え方は、子どもを持つ親御さんにも通じることはもちろんですが、企業で部下や後輩がいるすべてのビジネスパーソンにも当てはまることです。

あるディベロッパーで働く若い方からお聞きしたことですが、まだ入社も浅い時期、ある都市開発チームのひとりに任ぜられ、地域の重鎮たちで構成される地元組合への説明会に足を運ぶ日々が続いたそうです。

精神的にも肉体的にも疲弊していたある日、数年後の街の誕生とそこで暮らす人々の生活が頭に浮かび、目の前の地道な資料作りとプロジェクトの遂行が、1本の線で結ばれたといいます。それが行動動機となって仕事を乗り越えられたのです。

自分がやっている仕事が全体のフローの中でどのような意味を持つのか、それ次第で結果がどう変わるかという具体像が、鮮明に描けているか否かで仕事へのモチベーションは格段に違ってきます。

「私たちのチームのデータ集積と分析次第で、クライアントの利益がこれだけ変わってくるんだよ」「君のここでの取り組みが、成果物に直接影響するんだ」といった明確な言語化によるフィードバックを丁寧に重ね、後輩たちが自ら動きたくなる気持ちを持つ手助けを心がけてください。

第5章

言語化の先にあるもの

「いいづらさ」を乗り越える

言語化力の大切さについて、様々な角度から考えてきました。では、言語化力が高い人が増えていくと、私たちの社会はどのように変わっていくでしょうか。

一般に、企業の中で言語化力の高い社員が増えると、企業全体のパフォーマンスは必ず向上します。的確な情報伝達により相互理解が深まって、効果的なコミュニケーションが生まれ、課題の早期発見や問題解決へと繋がります。

言語化力が高い人は、仕事上でいいづらいことがあっても、きちんと言葉や文章にして伝えることができるものです。いわゆる「報《ほう》（報告）・連《れん》（連絡）・相《そう》（相談）」という、もっとも基本的なビジネスマナーを常に守ることができるということです。

残念なことに、自分に都合の悪い報告をしたくないがために、連絡、相談をしないままに放置し続け、結果として事態が悪化していくケースは多くの現場で起きています。それを解決する鍵が言語化力です。

プロジェクトが当初の予定通りに進んでいなかったり、懸案事項が解決できていなかったりしたとき、事実をただ報告するだけでなく、原因や改善点なども含めて価値のある情報として伝えることが理想です。

報告を受けた側の上司も、問題を漏れなく正確に把握していることがその場でわかり、今後の対策も迅速に取ることができるはずです。

話しづらい上司や部下にも適切に言語化して伝えることができれば、組織内のコミュニケーションを円滑に保つことができるでしょう。

どのような職場にも頑固で聞く耳を持たない人や、感情的になりやすい人、権力をふりかざす人、そもそも理解力や読解力が低い人などがいるもので、それぞれに違った「いいづらさ」があります。言語化力が高い人はどのような相手に対しても適切な言葉を選び、理解度をより深めてもらうことができます。

顧客満足度が高まる

企業にとって、顧客満足度を高めながら業績を向上させることはもっとも重要な課題です。そして、それを実現するためには社員の言語化力が大きく関わってきます。

言語化力の高い社員を多く擁する企業は、結果として利益を最大化できると考えていいでしょう。

顧客満足度とは、商品やサービスを利用した人の満足度を測る指標のことで、一般に英語では「CS（Customer Satisfaction）」と称されています。

たとえば、私たちが衣料品店でTシャツを購入したとき、着心地はいいか、耐久性はどうか、店員さんの接客は良かったかといった評価が総合的に判断され、購入前の期待値よりも高い満足を得られれば、リピーターとなって再びその店を訪れたり、ネット通販で同じブランドの商品を購入する機会が増えると期待されます。SNSや口コミで商品の良さが拡散されることもあるでしょう。

それゆえ顧客満足度は企業が成功するうえでこの上なく重要なのです。

社員の言語化力が向上すると、まず顧客の要望や抱えている問題を正確に把握することができ、適切な解決策を素早く提供することが可能となります。また、顧客からのフィードバックも言語化力で正しく分析し、これをサービスの改善に繋げることもできるでしょう。

先述のように、社員同士の意思疎通も円滑となるため、全体として業務の効率化が進み、ディスコミュニケーションによる誤解やミスも減少します。

リアル店舗であれば、接客する店員の言葉の使い方が正しくマニュアル化され、新商品やキャンペーンの情報も効果的に伝えることができ、ユーザーの購買意欲の向上も期待できるはずです。

隠れた価値を言語化して気づかせる

私はよく「顧客満足度を高める方法」というテーマで講演を依頼されることがあり、そのときにお話しするのが、「価値や利益に気づいてもらうことが重要」ということです。既に得ている利益が一般に広く認識されていないということが現実社会にはよくあります。

私はサブスクリプション・サービスに加入して海外のドラマや映画などを視聴していますが、たまに地上波のテレビを観ると、無料でコンテンツ視聴ができていたことに改めて気づき、その価値を再認識することがあります。今まで当たり前に享受していたメリットに気づかないという事例は意外に多いのです。

ですから、「実はこれがこういう意味でプラスになっているのです」と、隠れていたメリットや既に享受している利益を明確に言語化し、理解を深めてもらうことです。そのうえで、より利益が増すプランを提案する方法も考えられるでしょう。これは、隠れている潜在的なニーズを掘り起こす作業にも繋がっていきます。

たとえば、フィットネスジムであれば、会員の方たちは、一部無料で提供されているプログラムや個人プランなどの存在に気づいていないことが多々あります。ジム経営者はこれらの利点をホームページ上や会員アプリ、館内のポスターなどで改めて周知し、さらに個々にカスタマイズされたプランを有料で提案するなどして、会員の満足度と業績の両面を向上させることができるかもしれません。

既存のメリットを利用者に再認識してもらい、そのうえでより理に適《かな》ったサービスを提供すること。そのためにも社員全員の言語化力を底上げしていくことの必要性は、今後ますます高まっていくはずです。

セルフブランディングが求められる時代

商品は価値を顧客に伝えなければ商売になりませんが、これは人間という存在においても同じことです。自分自身の価値というものは、わかりやすく言語化してアピールしないと他者にはなかなか伝わりません。

「一緒に仕事しているのだから『あ・うん』の呼吸で気づいてくれよ」と思ってしまうこともありますが、そうした類《たぐい》の「気づき」とは実に曖昧なもので、明確な認識のないままに年数だけが経つことになりがちです。

入社して3年くらい経ってからようやく、「君、そんなスキルがあったの？」と発見してもらえればまだ救われますが、それとて、キャリア形成の上で3年は短くない時間です。もっと早く伝える術《すべ》はあったはずです。

自分から積極的に言語で発信をする、すなわち「セルフブランディング（self branding）」の発想がこれからの働き手には必要です。セルフブランディングは「自分以外のメンバーとの差別化」ともいえるでしょう。

自身でパーソナルブランドを構築するには、まずは自分の良さや強みを知ることからはじまります。自己分析シートのようなフォーマットを使って書き出すのが一般的な方法です。

自分が考える強みや弱み、資格や得意なスキル、熱意を持っているテーマなどを書き出しながらリスト化し、それらに自分なりの点数を3段階くらいで付けることで、自分という人間の価値や強みが次第に明確になってきます。

勘違いしやすいのが、自己評価を高めることと、唯我独尊《ゆいがどくそん》の思考になることは別ものだということです。

自信を強めること自体はいいことですが、「俺はデキる社員だ」のアピールが強すぎれば、第三者からは単なる自慢話にしか聞こえません。そもそも、「デキる」か否かを評価するのも他人です。そこには言葉の選択が重要となりますし、日頃の雑談力や会話力、コミュ力など総合的な人間力も問われることになります。

また、他者からの評価を受け入れる姿勢も非常に大切で、自分だけの視点に固執するのではなく同僚や友人、上司からのフィードバックも真摯に取り入れることで、より公平かつ多角的に自己を見つめ直し、成長することができるのです。

自分のスキルを言語化する

私は大学で学生たちに、あえて「自慢話大会」をゲーム形式で行なってもらうことがあります。最初は皆とまどうのですが、慣れてくると、上手に自慢話を伝えることができるようになってきます。

同じ「成功例のアピール」でも、まず「こんな大失敗をした情けない自分」という自虐ネタからスタートして、「その教訓から今の最強の自分が誕生しました！」といったユーモアを巧みに交えた話し方もできるようになります。これであれば自慢話には聞こえません。

シンプルに５～10秒で自慢を言うのも、短いので嫌みになりません。

この他にも、４人１組くらいになって順番を決め、交代しながら、対象となる人物をとにかく褒めまくるというゲームもあります。

あくまでゲームですので、褒める根拠はこじつけだっていいのです。無理やりにでも良い点を見つけ出し、１分間かけて褒めちぎることで、その人も気づかなかった優れた点が発見できたりすることもあります。それが相手の自信に繋がるのです。

やってみるとわかりますが、脳の働きとはおもしろいもので、ゲームとはいえ褒められ続ければ人は脳内でドーパミンを分泌させ、脳の特定の部位が活性化します。繰り返すうちにポジティブ思考がどんどん高まり、ゲームを終えるときにはどの学生も良い表情になっています。誰も傷つけないこの実践方法、ぜひ皆さんも試してほしいと思います。

ビジネスにおいて自分の能力をブランディングできている人は、他の部署への異動や転職があっても、自分の専門性と信頼性を自覚しているため、新しい環境でもその力を発揮できるはずです。

ピーター・ドラッカーは「成果をあげるには人の強みを生かさなければならない。弱みからは何も生まれない」といいました。それぞれのスキルを言語化し、それを武器に戦うことがビジネスパーソンには必要だということです。しかし、それができていない人が現実には多いようです。

逆に考えれば、ストロングポイントを自覚して発揮し、他者に言語で伝えられる人は、ドラッカーの唱える「成果」という果実を得ることができるはずです。

優れたリーダーが生まれる

高い言語化力を持つ人が組織の中に増えてくると、必ず優れたリーダーが現れます。企業の成功は、優秀なトップが経営者としてひとりいるだけでなく、組織の肝となる部署にどれだけ優れたリーダーがいるかにかかっています。

リーダーとは「意志」を生み出してチーム内に派生させ、メンバー全員の拠《よ》り所となる支柱であり羅針盤です。確かなビジョンを持ち、目的地や方向性を示す重要な役割を担っています。意志や目的を持たないリーダーというのは存在し得ないのです。

チーム全体の秩序を保ちながら、常にメンバーのやる気を高める原動力となるという意味では、モチベーターこそがリーダーの資質でしょう。

一方で、強い意志を持ちながらも優しさと和やかさを兼ね備えているのが理想です。昭和のスポ根的なやり方は、今の時代ではほぼハラスメントに該当すると考えるべきでしょう。穏やかな空気の中で自分の意志を的確に伝え、周囲の行動動機を高めることが求められます。

やる気が感じられないリーダーのもとでは誰も働きたがりません。良いリーダーのもとで働くことで、仕事の充実感や成果が得られます。

ある大手人材派遣会社の調査によると、入社3年以内に退職する理由として「上司との不和」が上位に挙げられていました。上司が問題に適切な対応ができないことで、部下が日常的に強いストレスを抱え、実際に心を病んでしまうというケースも少なくありません。上司の能力次第でチームが機能不全に陥ったり、完全に崩壊してしまうこともあり得るのです。

状況を俯瞰して問題点を見つけ、必要に応じたケアを適時施《ほどこ》すことも、リーダーに求められる重要な役割のひとつです。

ルール作りは言語化の極致

職場で求められるリーダーの重要な仕事のひとつが「ルールを作る」ことです。

ルールの原則は公平性と透明性が担保され、メンバーの意志が反映されていること、さらに、そのルールが業績の向上に繋がっているということです。ルールの意図をメンバーに言語化して伝え、納得させる力がリーダーには求められます。

法律や条例、職域の規則など、ルール作りで場を改善させる作業は、ある意味で言語化の極致です。適切なルールが存在するからこそコミュニティは円滑に運営され、そこに属する人たちが幸福な時間を過ごせるのです。

わかりやすく中身のある説得力の高い言葉は、関わる人の信頼を生み、チームの結束を強めます。さらにリーダー自身が意志と行動で模範を示すことで、職場全体が同じ目標に向かって進んでいけるのです。ひいては企業全体の成功を支えることに繋がっていくことでしょう。

私は、こうした思考は子どもの頃から身につけておくべきだと思っています。実際に、子どもたちは遊びを通してルールを自分たちで作っています。

たとえば、特定の子だけが鬼にならないために、じゃんけんのように偶発性の高い手段で彼らは役割を決めます。あるいは「巡査と泥棒（じゅんどろ）」式に追いかけ合う遊びなら、適当なところで役割を交換して立場を同等に享受するなど、公平性を担保したルール作りを自然にやっています。

場合によっては、えこ贔屓《ひいき》ばかりする上司がいる大人の職場よりも、遥かに公平で平和なコミュニティを作れているかもしれません。

アメリカのプロバスケットボールリーグ（NBA）では、ルールのマイナーチェンジがほぼ毎年行なわれています。試合をよりスムーズかつ緊迫感のあるものにし、観客の満足度を高めるための工夫がなされているのです。

2019年には「トラベリングのゼロステップ」という概念で軸足の扱い方が大きく変わり、これが話題となったことをご記憶の方もいるでしょう。

メジャーリーグでも「ピッチクロック」の導入や牽制球《けんせいきゅう》の回数制限など、試合時間の短縮を目指した取り組みが継続的に行なわれています。賛否はあるものの、おおむね理解と支持を得られているようで、業界全体の収益の底上げにも繋がっているとされています。

競技が時代とともに成熟度を高める中で、競技団体のリーダーたちが中心となり、顧客満足度を高める努力が持続的に行なわれているのです。

日本では公職選挙法がネット社会の動きに追いつけていないという指摘が出ており、SNS時代に適応したルール改正は喫緊の課題かもしれません。

このように、ルールを明文化して時代を新たな方向へ導く力がリーダーには求められます。それには、メンバーから敬意を持たれる公正かつ公平な人間性と、自らの強い意志を全体で共有できる言語化力が必要ということになるでしょう。

言語化はダイバーシティを推進する

言語化力が高い人が増えることで、世の中全体の共感力やコミュニケーション能力が向上し、多様性（ダイバーシティ）社会の理解がさらに進むことが期待されます。

多様性とは、人種や性別、趣味、外見、宗教などの違いを尊重し、これを個性として受け入れる概念を意味します。異なる背景を持つ人々が尊重されない社会であってはならないのです。

文化や習慣、立場の違いを理解するためには対話が必要となります。言葉の交換を通じて相手を理解することで、苛立《いらだ》ちやストレス、嫌悪感も限りなくゼロに近づいていきます。言語での理解は偏見をなくしていく鍵となるのです。

また、相手に対して「なんか変だな」「どうにもモヤモヤする」と感じたなら、その違和感の正体を言語で整理し、最終的にはその整理した理論を言語化して他者に説明できることが必要になります。

先述の「ルール作り」と併せて考えるなら、私たちは多様性を尊重しつつ、そこに合わせたバランスのいいルールを時代ごとに作り、さらにそこで終わらせずに継続して見直していくことが求められるのです。

オーギュスト・ロダンに師事した彫刻家のカミーユ・クローデルは、卓越した才能と弛《たゆ》まぬ努力で優れた作品を数多く残しました。しかし、当時のフランス社会においては「女の彫刻家など認めない」という風潮が強く、性別という事情だけで大変に悲劇的な人生を送りました。

これからの時代にそのようなことを繰り返すべきではありません。違いや差異を乗り越え、互いに補い合いながら新しい価値を生み出し、より豊かなコミュニティを形成していく責務が私たち一人ひとりにあるのです。

感覚で理解し、言語化して思考する

映画『苺とチョコレート』（トマス・グティエレス・アレア、ファン・カルロス・タビオ監督）は、１９８０年代のキューバを舞台にした、同性愛がテーマの作品です。イデオロギーが相反する２人の男性の心の交錯が描かれているのですが、観る前と後では感覚が大きく変わっていることを実感します。

私自身、同性愛に対してもともと偏見を持っていなかったつもりですが、映画を通じてより深い理解が得られたと感じました。

また、フランスのドラマ『アストリッドとラファエル 文書係の事件録』では、パリ警視庁の文書係を務める自閉症の女性が主人公です。ドラマを見続けているうちに、神経発達症群というものが、その人の個性のひとつに過ぎないという感覚が自分の中に自然と定着していきます。

このように、映画やドラマ、小説などのコンテンツを通じて、感覚や感性から変えていくことが、認識をも変える大きな力になります。情報が単なる点としての知識でなく、膨らみのある物語性を伴って心に入ることで、心の奥深くで理解することができるのです。「知る」から「わかる」へ昇華するともいえるでしょう。

そのためにも、情報には様々なアプローチで接する習慣をつけ、それを言語化して整理し、分析してまた考えるというプロセスを身につけることです。感情に訴えることで真の理解が得られるということを私たちは肝に銘じておくべきでしょう。

不文律の世界からの脱却

今の時代、こうした社会的な動きは以前よりも進んでおり、若い世代における多様性への理解は、20~30年前の若者と比較して深まっているように私には映ります。背景には教育環境やメディアの伝え方などが大きく変わったことも関係しているでしょう。

半世紀前であれば、「そんな人とは結婚するな」「理由なんてない、ダメだからダメなんだ!」という、もはや1ミリも言語化されていない主張が当たり前に通ってしまう時代でした。しかし、今は違います。

障碍者に対する理解も、十分ではないにせよ、過去と比べれば進展しました。

先日、若い頃にヨーロッパ諸国を旅した高齢者の方から聞いた話ですが、ある国で車椅子の人を街で見かける回数が多いことに気づき、最初は「日本より脚の悪い人が多いのかな」と思ったそうです。しかし、考えていくうちに、日本よりも障碍者が暮らしやすいコミュニティが形成されていて、「だから自由に外出しているのではないか」と思うようになったといいます。

その説を客観的な事実に基づいて本書で断定することは難しいですが、障碍者の社会参加度を示す指数を日本と欧州諸国で比較してみれば、そうした側面があったと考えても間違いではないでしょう。

また、自閉症などを含む神経発達症についても、今では多くの人が情報を共有し、理解を深めています。鬱《うつ》病もかつては「無気力なだけ」「ただの怠《なま》け者」などと偏狭な見方をされ、解決策を見つけられない人たちがたくさんいましたが、今では多くがその実態を情報として知っています。

私たちは事実を知ることで「感情」から変えていき、その先にある「理解」にたどり着く努力をし続けなければなりません。言語化力の向上によって、多様性社会の理解が深まり、より豊かで調和の取れた社会の実現につながります。

政治の本質も言語化

議会とは、国民の意思を言語化して法制化するという重大な役割を担っている立法機関です。地方自治体であれば、住民の声をその土地の議員が細かく吸い上げ、市議会や県議会といった場での議論を通じて条例にまとめるのが、あるべき姿です。加えてその条例の重要性を、言語を介して住民に認知してもらうことも大きな仕事です。

また、法律や条例が制定される前の段階でも、制度や枠組みを変えることで社会が改善されることは多々あります。当然、そのプロセスにおいても言語化力が求められます。言語化力が高い人が、役所や公的機関などに丁寧な働きかけを行なうことで、住民サービスの向上が図られることもあるわけです。

こう考えると、行政機関や議会は言語の交差点のような場所です。言語が渋滞すれば法制化や条例化もうまく進まず、地域福祉の向上も滞ります。言語化に長けた議員や住民がいる街は、円滑なコミュニケーションで結ばれた豊かでストレスのない街ということになるでしょう。

一方で、現実には10年以上も代議士を務めているのに議員立法をひとつもしていない人も存在します。また、地方議会においては、議員の仕事を「自分が住む自治会のご意見番」としか捉えていない人が、一部にはいると聞き及びます。

「良い条例を作って、住民福祉を向上させるために議員になろう！」と考えて立候補する人がどれほどいるのか。皆さんが住んでいる街の議員さんを、そうした視点で見直してみてもいいかもしれません。

結局のところ、民主主義とは答えが出るまでに時間を要する制度なのです。事実、独裁政治であれば権力者の一声で瞬時に結論が導かれるわけですが、私たちはその方法がこの国にはふさわしくないと考えているわけです。

私たちがこれから、身近な地方行政を含め、この国の民主政治を次の世代へより良く引き継いでいくためには、たとえ非効率であっても言語を駆使し、互いに納得し合うことが何よりも大切なことなのです。

適切な言語化で無駄な工程を省く

時代や環境に合わせた制度改革の必要性という意味では、私が勤務する大学でもこんなことがありました。

明治大学には4つのキャンパスがあるのですが、それぞれの施設に勤務する先生方が年に2回集まり、ひとつの場所で委員会を開くのが通例でした。「会議体」とは、特定の意思決定のために関係者が集まり意見を集約する場のことですが、当該の委員会は私が見る限り、既に決まっているに等しい事柄を承認するための集まりでした。

時間および人的コストの両面で、さすがに無駄が多すぎると感じていましたし、ICT化が進んだ現代にあっては、ネットを介した会議でもいいのではないか、という声も以前から上がっていました。

こうした意見に対して慎重論もあったのですが、やってみると簡単でした。やがてメール審議になり、あっという間に意見が集約されて非常に効果的です。

世のすべての会議体にこの方法が当てはまるとはいいませんが、さほど意味がなくとも物理的に人が集まる慣習はまだ世に多く存在しており、それが優秀な方々の知的活動を阻害し、日本経済に不利益を与えているケースがあるのも事実です。

こうしたいわゆる日本型の組織体質については、一橋大学名誉教授の佐藤郁哉《さとういくや》先生が著書『大学改革の迷走』（筑摩書房）でも指摘されています。

たとえば、ビジネスの世界には「PDCAサイクル（Plan［計画］・Do［実行］・Check［評価］・Action［改善］）」という目標達成のためのフレームワークがありますが、佐藤教授によると、日本の組織は「P」と「C」だけに熱心で、「D」と「A」は尻すぼみ状態であるということです。

すなわち、計画や検証ばかりに時間を費やし、肝心の実行と改善へ効果的に繫げることができていないというのです。過剰分析や過剰計画に陥る組織は、必ずや弱体化していくと佐藤先生は指摘しています。

考えてみると、打ち合わせばかりを繰り返して「疲れた」「忙しい」を連呼し、何か大変な仕事をした気になっている部署というのは、どこの組織にもひとつはあるのではないでしょうか。

このように、正解へ導くまでにひとしきりの工程が必要なのが世の常です。どんな決定でも、最終的な答えが最初から一発で出るわけではありません。疑問の声がはじめて出た時点から、議論と調整が何か月、あるいは何年も重ねられるのが通常で、そこにはかなりの人的かつ時間的なコストが費やされます。そうした無益なプロセスをできるだけ排除するためにも、私たちは言語化力を磨くことが必要です。

結局のところ、言語を用いて世の中の仕組みを変え、意思決定をしていく過程は、政治家や官僚、地方公務員だけの仕事ではなく、暮らしているすべての人が関与するべきものなのです。

その視点を私たち一人ひとりが理解することで、住民の地域行政や議会への関心が高まり、必然として地域の暮らしも改善されるでしょう。

できることを説明するのは難しい？

スポーツの世界でよく、「天才型の選手は指導者には向いていない」という声を耳にします。天才アスリートは直感的な部分でプレーの神髄を捉えているため、それを言語化して他のプレイヤーに伝えることが難しいというのです。

ジャルジャルという人気のコンビ芸人さんがYouTubeで動画を配信しているのですが、その中で「あるプロ野球の天才バッターが、一般人に打撃のコツを全然説明できない」という設定のコントがありました。

教えられる側のアマチュア選手は、どうしたら打てるようになるのかを必死に質問するのですが、天才は何を聞かれても「ホームランを打ったらええねん」としか答えません。「もっと脇を締めたほうがいいですか」と聞いてみても「脇とかより、ホームランを打つねん」という返事のみ。「どこが悪いんですかね」と食い下がっても「悪いとこ？　ホームラン打ってへんやろ。そこやねん」という調子で、もはや会話としても成立していません。

問題は、天才バッターの言語化力がゼロであることだけでなく、その奇妙さに本人が気づいていないということです。論理的な思考の重要性と無縁な人生を歩んできて、言語で意味を共有するという意識がないのでしょう。語彙力がほぼないこと、言葉をアウトプットできない自分を変だと思っていないのです。

これは極端にデフォルメされたコントですが、実際にこれに類《るい》する指導者は、世の中にまだ一定数いるのではないでしょうか。ありがちなのが、「なんでそんな簡単なことができないんだ！」という教え方です。「なぜできないか」で苛々《いらいら》するのではなく、「なぜできるように言語で伝えられないのか」に思いを巡らせるべきでしょう。

暗黙知を言葉にして受け継ぐ

先日、NHKの『球辞苑《きゅうじえん》～プロ野球が100倍楽しくなるキーワードたち～』という番組を観ていたのですが、プロ野球のトップバッターたちが「外角高めの打ち方のコツ」というのを一生懸命に言葉にして説明していました。

ある選手は「ボールの側面をバットで擦《こす》るような感じ」といい、別の選手は「肩に載せたバットをそのままポーンと当てる感覚」というような表現をしていました。おそらく、実際に球速150㎞レベルの外角高めの球を何十、何百と打ってきたプロ選手であれば、それなりに実感できる説明なのだと思います。

サッカーのJリーグ時代に3年連続で得点王に輝いたこともある大久保嘉人《おおくぼよしと》さんは、ボールの蹴り方について「腸を潰《つぶ》すイメージでボールの真ん中を蹴ればボールを操れる」といいました。さすがに、このときは中村憲剛さんが「ちょっと何いってるかわからない」とSNSで突っ込みを入れていましたが。

このように、言葉にしにくい超感覚的な知識は「暗黙知《あんもくち》」、逆に言語で事実を積み上げて客観的な説明ができる知識は「形式知」と呼ばれます。

小さな子に、補助輪のない自転車の乗り方を言葉で説明するのには限界があり、実際に運転している際の体感を言葉で説明するのはかなり難しいでしょう。

一橋大学名誉教授で経営学者の野中郁次郎《のなかいくじろう》先生は、竹内弘高《たけうちひろたか》先生との共著『知識創造企業』（東洋経済新報社）の中で暗黙知について詳しく解説をされています。

実は野中先生は、私が25年くらい前に『身体感覚を取り戻す 腰・ハラ文化の再生』（NHKブックス）という本を書いたとき、内容に関心を持ったということで、わざわざ会いに来てくださったことがありました。

私はその本で、日本には古くから「型」というものがあり、これが能や武道など日本人の長年の経験値を集約したものであること、日本文化の強みはこの型にこそあると書いたのです。

型にはその分野のすべての智慧、すなわち身体に深く根差した感覚的な洞察が凝縮されており、経験が浅い人でも型を反復することで技能を高めることができます。

相撲の四股《しこ》はその典型です。実際の取り組みの中で四股の動きがそのまま再現されるわけではないにもかかわらず、日々の稽古で四股を繰り返すことで、必要な体幹や筋力が鍛えられるなど、多くのスキルを獲得できます。

力士にとってはノウハウが詰まった究極のフォーマットであり、至高のルーティンといえましょう。

ドラッカーは「ルーティンとは、熟練していない判断力の低い人でも、天才を必要とするタスクを遂行できるようになること」といいましたが、まさしくそのことなのです。極まったクリエイティビティは人生で誰もが獲得できるわけではありませんが、先人が創造した型という究極のフォーマットを反復することで、やがて達人が身体で感じたであろう感覚を体感できるというわけです。

ここで申し上げたいのは、型とはある意味、暗黙知を言語化したものであるということです。暗黙知という隠れた知識は普段は言語化されていないため、一部の天才が技術として持っていても、それを広めていくことはできません。

しかし、型としてアウトプットをすることにより、多くの人が暗黙知を共有し、次の世代へ引き継いでいくことが可能となるのです。

いい換えれば、優れた経営者が持つ経営テクニックを、形式知として合理的にマニュアル化することで、企業の内部で知識が共有され、蓄積され、業績に繋がり、そのうえで次世代へも引き継いでいくことができるということなのです。

野中先生、竹内先生の『知識創造企業』には、このことがさらに深掘りする形で大変にわかりやすく書かれています。関心のある方はぜひ手に取ってみてください。

これからの企業と働く人たちには、この暗黙的な知恵を型により言語化し、形式知へ転換し、皆でシェアすることが求められているのです。

これからの時代に求められる「個」の力

言語化力を高めていくと、ニュースなどの情報を受け取る際の思考構造も変わっていきます。マスメディアというものは、概してそれぞれの立場に即した情報発信をするのが常です。つまり、各々のイデオロギーに沿った記事作りや番組構成が行なわれていながらも、中立かつ公正という錦《にしき》の御旗《みはた》のもとで発信されているわけです。

それを私たちがどう受け止めて判断するか。その要諦《ようてい》となるのが言語化力です。現在は、地上波テレビ局が総務省から許認可を受け、独占的に電波を使用していますが、インターネットの普及によって、一般の人々から情報が発信されることも普通になりました。ネットが新しい言論の自由を実現したという見方もできるでしょう。

絶対的な答えや普遍的な正義というものはこの世に存在しませんし、少なくともニュースをそのまま無批判に受け止めるということは、言語化力が足りていない証拠でもあります。いわゆる「オールドメディア対SNS」という対立構図が注目される昨今ですが、その構図にばかり囚《とら》われるよりも、このネット社会では、自分次第で様々な場所から情報を得られるということに目を向けるべきです。

フェイクニュースなどの不確かなネット情報に注意すべきなのはもちろんですが、同じことはテレビや新聞、雑誌、書籍にも当てはまります。

「この法案が通過したら日本は終わる」と主張する大手新聞社もあれば、「これからの日本に絶対必要だ」とするテレビのキー局もあります。それは、どちらが嘘をついているというより、どちらの主張も、おそらく部分的には正しいのです。どんな議論も「ゼロか１００か」の二極化思考からは豊かな発想は生まれません。

たとえば先述した「オールドメディア対ＳＮＳ」という構図にしても、実際はどちらの側にも考え方や主張の違いで濃淡があり、両陣営が一枚岩で意見を戦わせているわけではありません。家に毎朝届く紙の新聞を手で広げて読む人でもＳＮＳを使いますし、スマホ中毒といわれる人だってテレビくらいは視聴します。

ただ、大手メディアの情報を一方的に受け取るだけの時代が終わったことは確かです。それぞれが自分の頭でニュースを判断し、分析し、ＳＮＳなどで意見を発信することで、それに反応する人々が現れ、情報がさらに拡散されるという動きが一般化しています。

こうした状況を「あまり良くないこと」と捉える人も多いですし、実際に危険性をはらんでいることも事実です。いわゆるネットリンチのような現象は毎日のようにどこかで起きています。

しかし、見方を変えれば、一般の声が権力に干渉されず、ネット上で広く集約されているということでもあります。既存のメディアの情報に縛られない個々の声が拡散し、交錯することで答えが導かれるということは、ディベート力が弱いとされる日本人の思考を鍛えることにも繋がるかもしれません。

実際、著名な評論家や学者でなくても、広範な知識から鋭く分析し、説得性の高い意見を発信している一般の方は、SNSでよく見かけます。ニュースのコメント欄でも、理解しやすい論理的な見解を述べているユーザーは少なくありません。場合によっては、テレビで日常的に見かけるコメンテーターの人でさえ、太刀打ちできないこともあるのではないでしょうか。

こうしたことからも、個の力が今後さらに問われる時代において、言語化力を高めることがますます重要になっているのです。

おわりに

プロ野球のレジェンドである野村《のむら》克也《かつや》さんは、まだ打撃が開花する前の若手時代、当時の指導者に「どうやったら打てますか」と相談したところ、「来た球をスコーンと打つんや」と返されて呆然としたといいます。野村さんは晩年、「なんの参考にもならなかった」とぼやいておられました。

言語化力とは相手を見極め、わかりやすい言葉で真理を伝えることができる力です。部下に対しても、友人に対しても、適切な言葉選びができることで、心の通ったコミュニケーションが成立します。

本書では、言語の持つ力とその重要性について様々な角度から考えてきました。

言葉は私たちの内面を伝え、意思を表現し、他者と繋がるための大切な手段です。

しかし、その力を完全に理解し、使いこなすことは容易ではありません。すべてを漏れなく伝えたいという願望そのものが、もしかしたら勘違いなのかもしれません。なぜなら、100%を伝えたつもりでも、実際に相手がすべて受け取っているとは限らないからです。相手の理解力が低かったり、小さな子どもが相手であれば、45%くらいしか受け取られていないかもしれません。

そうであれば、難しすぎない70%くらいの言語で伝え、それを相手が65%で受けとめてくれたほうが、実際には「正しい精度で伝わっている」とも考えられます。この「ほぼ伝わっている」という状態が実は非常に重要です。

言葉とはその背景までを含めて学び、意味を精緻に知ることで自分のものになります。私たちはこれからも言葉と向き合い、学びながら身体に染み込ませていくことを続けなければなりません。

私は講演に呼ばれることが多く、時には外国の方へ向けて同時通訳してもらいながら話すこともあるのですが、そんなときは必ずジョークを少し交えるようにしています。

文化圏が異なると笑いの感覚も違いますし、外国の方に通じる明快な日本語力も問われます。

「おもしろい」という言葉にしにくい概念を伝え、外国の方に笑ってもらえると、意図がそれなりに伝わっていると感じることができます。

国や文化を超えて感情が伝わり、共感を得られる喜びを知ると、言語の持つ力を改めて感じることができるのです。


自分の感情を言葉にして正確に伝えられているとき、感情が自然に言葉と一体となり、湧き上がってくるような状態になっているはずです。

頭で考えて口に出すのではなく、心から溢れ出る情感が、すべてを包み込むように言葉として出てくる感覚です。ただ単に、ペラペラと達者に話せているということではありません。

人は言葉でいい表せない心のくすぶりを感じると、意思と言葉の間に齟齬《そご》が生じ、ストレスを感じて心が不安定になります。言語化力を高めることはメンタルの安定にも繋がります。心が混乱している人は、悩みや迷いを言語化できていないことが多いのです。

『万葉集』には2000首を超える歌が詠まれていますが、怒りの歌は1首しかないそうです。文学博士の中西進《なかにしすすむ》先生は、万葉びとは歌によって個人の感情を調え、円滑な人間関係を作っていたのでは、と仰っています。

心を和らげ、精神的な負担が少ない生活を送るには、言語化力が必要です。福澤諭吉は著書『学問のすすめ』の中で、自立した人生を明るく前向きに生きることを説きました。言語化力を高めれば、福澤のような「カラリと晴れた」人生を歩むことができるのです。「優れた言語化力とは何か」を実感するためのテキストとして、『福翁自伝』はとりわけおすすめです。自在な日本語力を味わうことができます。

言語化力の高さとは、ディベートで相手をやり込める力ではありません。威圧的に言葉を放ち、相手の気持ちをへし折ることが目的ではないのです。言語とは、優しいコミュニティを創造するツールであり、人々を結びつけて共感を深める手段です。

私たちはこれからも年齢と経験を重ねながら、教養を身につけ、そこに適した言語化力を磨いていく必要があります。

ココ・シャネルは「20歳の顔は自然から授かったもの、30歳の顔は自分の生き様、50歳の顔にはその人の価値がにじみ出る」といいました。アメリカの第16代大統領エイブラハム・リンカーンは「40歳を過ぎたら自分の顔に責任を持て」という言葉を残しています。これをそのまま「言語化力」という言葉に置き換え、これからの人生の指針としたいものです。

本書を手に取った皆さんが言語の力を信じ、さらに磨いて高めていくことで、心の中の感情や考えをより深く、より豊かに表現できることを願っています。言葉とともに充実した人生を送るために、本書がその一助となれば幸いです。

齋藤 孝

参考文献

齋藤孝『頭がいい人の説明はなぜ伝わりやすいのか』（宝島社）
齋藤孝『「言葉にできる人」の話し方～15秒で伝えきる知的会話術～』（小学館）
齋藤孝『コミュニケーション力』（岩波書店）
齋藤孝『雑談力が上がる話し方』（ダイヤモンド社）
齋藤孝『誰も教えてくれない 人を動かす文章術』（講談社）
齋藤孝『読む・書く・話すを極める 大人の言語スキル大全』（宝島社）
齋藤孝『1話1分の脳トレ 齋藤孝の音読de名著』（宝島社）
齋藤孝『40代から人生が好転する人、40代から人生が暗転する人』（宝島社）
齋藤孝、射手矢好雄『BATNA交渉のプロだけが知っている「奥の手」の作り方』（プレジデント社）
秋田喜代美、斎藤兆史、藤江康彦編『メタ言語能力を育てる文法授業――英語科と国語科の連携』（ひつじ書房）
新将命『自分と会社を成長させる7つの力』（アルファポリス）
安藤俊介『はじめての「アンガーマネジメント」実践ブック』（ディスカヴァー・トゥエンティワン）
上野誠『「令和」の心がわかる 万葉集のことば』（幻冬舎）

参考文献

荻島央江『ジャパネットからなぜ買いたくなるのか?』(日経BP)
河合隼雄、立花隆、谷川俊太郎『読む力・聴く力』(岩波書店)
木下是雄『理科系の作文技術』(中央公論新社)
清原康正『山本周五郎のことば』(新潮社)
佐藤郁哉『大学改革の迷走』(筑摩書房)
ジャン・コクトー『ジャン・コクトー全集〈5巻〉』(東京創元社)
高橋洋一『給料低いのぜーんぶ「日銀」のせい』(ワニブックス)
田嶋幸三『「言語技術」が日本のサッカーを変える』(光文社)
ダニエル カーネマン『ファスト&スロー 上・下』(早川書房)
中西進『楽しくわかる万葉集』(ナツメ社)
野中郁次郎、竹内弘高『知識創造企業』(東洋経済新報社)
ピーター・M・センゲ『学習する組織――システム思考で未来を創造する』(英治出版)
藤尾秀昭(監修)、稲盛和夫、永守重信ほか『1日1話、読めば心が熱くなる365人の仕事の教科書』(致知出版社)
前田裕二『メモの魔力』(幻冬舎)
横山雅彦『「超」入門!論理トレーニング』(筑摩書房)

切りとり線

★読者のみなさまにお願い

この本をお読みになって、どんな感想をお持ちでしょうか。祥伝社のホームページから書評をお送りいただけたら、ありがたく存じます。今後の企画の参考にさせていただきます。また、次ページの原稿用紙を切り取り、左記まで郵送していただいても結構です。

お寄せいただいた書評は、ご了解のうえ新聞・雑誌などを通じて紹介させていただくこともあります。採用の場合は、特製図書カードを差しあげます。

なお、ご記入いただいたお名前、ご住所、ご連絡先等は、書評紹介の事前了解、謝礼のお届け以外の目的で利用することはありません。また、それらの情報を6カ月を越えて保管することもありません。

〒101-8701（お手紙は郵便番号だけで届きます）
祥伝社　新書編集部
電話03（3265）2310
祥伝社ブックレビュー　www.shodensha.co.jp/bookreview

★本書の購買動機（媒体名、あるいは○をつけてください）

＿＿＿＿新聞の広告を見て	＿＿＿＿誌の広告を見て	＿＿＿＿の書評を見て	＿＿＿＿の Web を見て	書店で見かけて	知人のすすめで

★100字書評……最強の言語化力

名前

住所

年齢

職業

齋藤 孝　さいとう・たかし

明治大学文学部教授。1960年、静岡県生まれ。東京大学法学部卒業。同大学院教育学研究科博士課程等を経て、現職。専門は教育学、身体論、コミュニケーション論。著書に『声に出して読みたい日本語』(草思社 毎日出版文化賞特別賞受賞)、『身体感覚を取り戻す』(ＮＨＫブックス 新潮学芸賞受賞)、『最強の人生指南書』『最強の家訓』『最強の60歳指南書』『30代の論語』『60代の論語』(以上祥伝社新書)など多数。訳書に『論語』(ちくま文庫)など。

最強《さいきょう》の言語《げんご》化《か》力《りょく》

齋藤《さいとう》 孝《たかし》

2025年３月10日　初版第１刷発行

発行者……………辻 浩明

発行所……………祥伝社《しょうでんしゃ》

〒101-8701　東京都千代田区神田神保町3-3

電話　03(3265)2081(販売)

電話　03(3265)2310(編集)

電話　03(3265)3622(製作)

ホームページ　www.shodensha.co.jp

装丁者……………盛川和洋

印刷所……………萩原印刷

製本所……………ナショナル製本

Printed in Japan　ISBN978-4-396-11709-2　C0230

〈祥伝社新書〉
経済を知る

650
なぜ信用金庫は生き残るのか
激変する金融業界を徹底取材。生き残る企業のヒントがここに！
日刊工業新聞社千葉支局長
鳥羽田継之

625
カルトブランディング
顧客を熱狂させる技法
グローバル企業が取り入れる新しいブランディング手法を徹底解説
マーケティングコンサルタント
田中森士

636
世界を変える5つのテクノロジー
SDGs、ESGの最前線
2030年を生き抜く企業のサステナブル戦略を徹底解説
ベンチャー投資家・京都大学経営管理大学院客員教授
山本康正

660
なぜ日本企業はゲームチェンジャーになれないのか
——イノベーションの興亡と未来
山本康正

695
なぜマンションは高騰しているのか
誰が超高級マンションを買っている？ 不動産から日本社会の変化を考察する
不動産事業プロデューサー
牧野知弘

〈祥伝社新書〉
令和・日本を読み解く

683
闇バイト 凶悪化する若者のリアル
犯罪社会学の専門家が当事者を取材。身近に潜む脅威を明らかにする
犯罪社会学者 廣末 登

622
老後レス社会 死ぬまで働かないと生活できない時代
「一億総活躍」の過酷な現実と悲惨な未来を描出する
朝日新聞特別取材班

676
どうする財源 貨幣論で読み解く税と財政の仕組み
「日本は財政破綻しませんし、増税の必要もありません。なぜなら――」
評論家 中野剛志

666
スタグフレーション 生活を直撃する経済危機
賃金が上がらず、物価だけが上昇するなか、いかにして生活を守るか
経済評論家 加谷珪一

652
2030年の東京
『未来の年表』著者と『空き家問題』著者が徹底対談。近未来を可視化する
作家、ジャーナリスト 河合雅司
不動産プロデューサー 牧野知弘